遵义律师协会建设之实践

令狐兴中 编著

法律出版社
—北京

图书在版编目（CIP）数据

律师协会建设之遵义实践／令狐兴中编著. -- 北京：法律出版社，2021

ISBN 978-7-5197-5934-6

Ⅰ. ①律… Ⅱ. ①令… Ⅲ. ①律师业务－中国－文集 Ⅳ. ①D926.5-53

中国版本图书馆 CIP 数据核字(2021)第 191953 号

律师协会建设之遵义实践
LÜ SHI XIEHUI JIANSHE ZHI ZUNYI SHIJIAN

令狐兴中 编著

责任编辑 屈 瑶
装帧设计 臧晓飞

出版发行 法律出版社
编辑统筹 学术·对外出版分社
责任校对 王 丰 李景美 王语童
责任印制 陶 松
经　　销 新华书店

开本 710 毫米×1000 毫米 1/16
印张 14.75 **字数** 214 千
版本 2021 年 11 月第 1 版
印次 2021 年 11 月第 1 次印刷
印刷 固安华明印业有限公司

地址：北京市丰台区莲花池西里 7 号(100073)
网址：www.lawpress.com.cn
投稿邮箱：info@lawpress.com.cn
举报盗版邮箱：jbwq@lawpress.com.cn

销售电话：010-83938349
客服电话：010-83938350
咨询电话：010-63939796

书号：ISBN 978-7-5197-5934-6
定价：69.00 元

序

律师制度是法律制度的重要组成部分,是法治文明进步的重要标志。我们党高度重视律师工作,支持律师队伍在社会主义民主法治建设中发挥积极作用。十八大以来,党中央进一步明确了律师队伍的地位和作用,习近平总书记指出,律师队伍是依法治国的一支重要力量,要求切实加强律师工作和律师队伍建设。近年来,律师事业取得长足发展,队伍不断壮大、作用有效发挥、制度日趋完善。在此过程中涌现出的一大批优秀律师和优秀律师事务所,通过服务人民群众和经济发展,有力地促进了全民法治观念的提升、推动着我国法治社会的建设。在建设社会主义法治国家的历史进程中,律师事业面临着前所未有的发展机遇。无论是加强宪法实施、提高立法质量、推进依法行政、建设法治政府,还是保证司法公正、提高司法公信力,以及创新社会治理、化解矛盾纠纷、促进社会和谐,都需要更多律师的参与。各地区各有关部门深刻认识到新形势下律师事业改革发展的重要性,高度重视、大力支持律师队伍在全面依法治国中发挥积极作用。同时,以法为业的律师队伍,需要从内心深处信仰法治，努力成为厉行法治的榜样。与此同时，必须加强对律师执业的规范和管理，进一步明确和强调律师在执业中的基本要求，锻造一支遵守宪法法律、忠于事实真相、严守执业纪律、坚持谨言慎行的律师队伍，推动建设社会主义法治国家的历史进程。

在律师事业面临良好发展机遇的形势下，《律师协会建设之遵义实践》一书即将付梓，遵义市律师协会令狐兴中会长邀请我为该书撰序，我感到很荣幸，欣然应允。几年前，在遵义召开的一次会议上，我结识了令狐会长，其人温润如玉，风度翩翩，博学多才，与之交谈，令人如沐春风，受益良多。作为遵义市律师协会会长，他主编了《遵义律师》杂志，积极参与协会行业管理和建设，着手抓行业建设，抓制度建设，认真履行工作职责，为协会做了大量工作，通过一系列活动，协会工作有声有色，律师社会形象得到展示，律师协会知名度得到大幅提升，令狐会长因此多次荣获省市以及全国先进及表彰。作为律师，他积极维护当事人合法权益；面对弱势群体，他伸出援助之手，为群众提供法律援助，维护弱势群体合法权利；十多年来，他一直在捐助贫困学生，在法律援助基金、地震救灾、脱贫攻坚、新农村建设等方面带头捐款，他所在的贵州子尹律师事务所累计捐款八十余万元，彰显了西部律师在扶贫济困方面的奉献精神。作为遵义市政协委员，十多年来，他通过积极调研，积极参政议政，奉献了律师的聪明才智，先后在政府法治建设、形象工程、政绩工程、征地拆迁、招商引资、民生百态等方面建言献策，展现了律师风采。

我与遵义这座城市有缘，我的第一个微信朋友圈就是我首次到访遵义后发出的，那次访问让我流连忘返，心潮澎湃。1935年遵义会议的召开，成为中国革命生死攸关的转折点，遵义也因此被称为“转折之城”。在中国共产党成立100周年之际，在这片有着厚重红色文化的土地上，遵义社会发展日新月异。遵义不仅是黔渝合作的主阵地和先行区，也是国家全域旅游示范区，还是西南地区承接南北、连接东西、通江达海的重要交通枢纽。

遵义律师数量从20世纪80年代只有几个人到如今一两千人。律师数量呈指数型增长的背后也意味着遵义市的经济发展有了优质的法律服务支撑，社会大众的法律服务需要也得到更加充分地满足。与此同时，如何对律师这个法律职业群体进行良好的规制与管理也成为摆在遵义市法治建设和发展道路上的重要问题。遵义市律师协会作为遵义市律师的自治组织，在维护律师执业权利、惩戒律师违规行为等方面发挥了很大的作用，逐步完善了遵义市律师行业管理体制，促进了遵义律师事业发展。遵义市律师协会自1995年成立至今，为遵义的平安、法治和和谐等方面做出了卓越的贡献。遵义市律协不仅出色地完成了本职工作，还创立了会刊杂志《遵义律师》，协办《法治遵义》栏目，广受社会大众喜爱。遵义市律师协会这些年取得的成绩受到各级领导的肯定，常获表彰。在公益建设和承担社会责任方面，遵义市律协更是不遗余力。全面参与涉法涉诉信访、扫黑除恶专项工作，积极引导遵义市律师政府法律工作建言献策，设立专项扶贫基金，引导全市律师积极投身脱贫攻坚的伟大实践，开展慈善捐助，多元化开展法治宣传，大力推进法律援助工作。在遵义市委统战部、遵义市司法局和遵义市律师协会的共同努力下，遵义市律师的参政议政的人数比例位于全国前列，遵义市律所积极开展党建活动，发展党员，通过党建促进所建，传承红色基因，增强党务促进业务能力，燃烧红色之火。

本书集合遵义市律师协会多年心血，内容全面而翔实，对律师协会建设和律师个人发展均有借鉴意义，值得一读。本书共有五个部分构成，分别是“理论探索”“致辞寄语”“学习思考”

“遵义实践”“媒体报道”。书中不仅包含遵义市律师协会建设过程中的、从实践中提炼出的理论成果——涉及律师协会建设的组织建设、作风建设、文化建设等方面颇有理论价值文章，还有作者在学习和培训班的心得总结，内容非常精彩。

时至今日，中国律师制度恢复重建已有四十余年，中国律师有百余年历史，律师发挥的作用比以往任何一个时代都更加突出，律师行业将往何处去，律师个体将如何应对时代的变化，都是值得我们思索的问题。相信各位读者通过阅读此书，管中窥豹，从遵义律协的经验出发，思考我国律师制度的发展成就及完善路径，相信定会有所悟，有所得。

是为序。

许身健*

2021 年 3 月 31 日

---

* 教授、中国政法大学法律硕士学院院长、中国法学会法律文书学研究会副会长兼秘书长、北京开发区法治建设研究会会长。

遵义律协为什么声名远播？

——序《律师协会建设之遵义实践》

在建党百年的日子里，大家都会重点关注遵义这座不同一般的城市。因为说起中国共产党党史，谁也无法回避遵义会议的意义和作用。因为遵义会议，遵义被誉为“转折之城”。除了是一座举国闻名的转折之城，遵义也是一座名不虚传的历史名城，更是一座名扬四海的红色之城。

同样，近年来在全国律师界，遵义律协也是声名远播。为此，我们《民主与法制》周刊于2020年11月组成采访小分队，前往遵义律协采访。采访之后，形成了一组主题为“遵义律协为什么声名远播？”的封面专题报道。

作为律协改革与发展的样本，遵义律协在以下四个方面取得了独具特色的成就：一是责任与担当：在全面履职上“细”做文章；二是能力与实力：在内强素质上“精”下功夫；三是平台与舞台：在外塑形象上“化”成口碑；四是关爱与关照：在建设家园上“练”就精神。对此，我们进行了深入而全面的采访，通过此次采访，我们深切感受到，遵义律协在令狐兴中会长的带领下，描绘出了一幅美好画卷和出色蓝图。为了打造理想的律师家园，遵义律协搭建平台、构建舞台、创造讲台，既有内强素质的“武功秘籍”，又有外塑形象的独家渠道，还有履行职责的精美构思，更有建设家园的优秀方案。

因为遵义律协的成就，我们又看到了贵州律协的功劳。可以说，2020年也是贵州律协的转折之年。7月，贵州省执业律师数量突破10000人，这是贵州省律师行业发展的标志性事件。40余年来，在党的坚强领导下，贵州省律师行业经历了恢复重建、从小到大、从弱到强的转变，实现了长足发展。而作为贵州省律师人数第二大市，遵义律协也将自身打造成贵州乃至西部地区律协的骄人样板。

在我看来，遵义律协之所以能够成为样板，是因为他们在以下三个方面做到位、做到家了。一是因为遵义律协让律师有了“家”；二是遵义律协让律师当了“家”；三是遵义律协帮律师成了“家”，让律师成名成家。

具体而言，遵义律协做好了“三位”工作：一是“单位”，遵义律协真正做到了“让律协成为律师的家”，让广大的遵义律师不仅体会到了家的温暖，还体会到了组织的力量；二是“定位”，遵义律协定位准确，将自己放在服务律师的位置上，切实做到了为广大律师谋福祉；三是“到位”，遵义律协不花哨、不作假，工作细致扎实、成果显著突出，真正做到了让广大遵义律师有平台、有舞台，有机会、有明天。

正如贵州省律师协会副会长、遵义市律师协会会长令狐兴中接受我们采访时所说：“我原来认为律协一定要有个大房子，现在我不这么看了。”因为大房子不一定就是“家”，而真正意义上的“家”，实际上指的是一种归属感、获得感、幸福感。所以，关于“家”的表述，可谓丰富多彩。有人说“家”是休憩的港湾，也有人说“家”是幸福的源泉，还有人说“家”是生活的动力，又有人说

“家”是温暖的依靠，更有人说“家”是心灵的乐园……

其实，所有这些表述，都符合遵义律协的追求目标。律师作为中国特色社会主义法律工作者，肩负着社会治理和法律服务的重要使命与重大责任。为此，他们积极履行职责，投身公益；他们热情参政议政，贡献智慧；他们据法力争，维护公平正义；他们慷慨解囊，传递人间温情。换言之，律师既能做好业务，也能做好管理。作为行业管理的载体，律协管理的温度就决定了律师管理的高度。近年来，遵义律协的探索实践不仅获得了律师们的拥戴，而且还打造了律协管理的样板。更重要的是，这些探索实践还已经形成文字并汇编成册了。

展现在我们面前的这部新书，正是遵义律协的成功实践。

通读本书，我发自内心地感觉到，这是一部值得推广复制的律协管理之作，也是一部值得学习借鉴的律所管理之作，又是一部值得分享参考的律师管理之作。

透过本书的文字，我们能够看到遵义市律协留下了许多闪光的足迹。在这个进程中，既有个人的奋发努力，也不乏集体的精诚团结。正是因为从会长到副会长、从常务理事到专委会主任、从秘书处到执业律师等所有会员的不断努力与前行，才得以造就今日的遵义市律协的灿烂辉煌。

在我们《民主与法制》杂志小分队采访结束时，我曾经以一首藏头打油诗表达了我们的敬意：

“遵”老爱幼如娘家，
义不容辞你我他。
律己正人树形象，
协力同心乐开花。

那就让我们通过本书走近遵义律协，走进律师家园，看看这里的律协为何如此辉煌如此出众。

遵令狐兴中会长之嘱,真诚写下了以上感想和收获。

是为序。

刘桂明

2021年4月11日于北京千鹤家园

目　录

理论探索

浅谈地方律师协会建设之组织建设 3
浅析地方律师协会建设之作风建设 8
探索地方律师协会建设之文化建设
——以遵义律师文化建设为视角 13
浅析律师文化建设的路径选择
——以《遵义律师》发行四周年为视角 18
地方律师协会建设之遵义实践 24
地方律师协会如何挺在前面
——也谈地方律师协会建设 30

致辞寄语

收获 2015　展望 2016 39
不忘初心　继续前进 41
携手律途　无问西东 44
风雨多艰志弥坚　关山初度路犹长 46
好风凭借力　扬帆正当时 48
恪尽职守　勇于担当　不负重托 50
青春,是用来奋斗的 52
乘风破浪　正步前行 55
寄语新执业律师 58
志存高远　敏而好学　脚踏实地 61
承前启后　继往开来　努力开创遵义律师工作新局面 63

我们依然要奋勇前行
——在第六届遵义青年律师演讲比赛上的致辞 66
路连云贵通京国　水学云玄赴蜀川 69
学习《民法典》　适应新时代 73
风雨兼程 40 载　迎风远航再出发 77

学习思考

尊重，构建法律职业共同体的关键
——学习邹碧华精神有感 81
加强沟通　阳光交流　建立律师法官良性互动关系 84
律师事务所发展要正确认识三个关系
——在遵义市第二届律所主任能力提升班上的总结 88
好风凭借力　律师开新篇
——学习十八届四中全会《决定》的体会 96
雄关漫道真如铁　而今迈步从头越
——在律师协会服务 16 年的感悟 102
如何做好参与化解和代理涉法涉诉信访工作
——遵义市 2020 年律师参与化解和代理涉法涉诉信访案件工作培训会讲稿 107
做到“四个到位”　迈好律途第一步
——在 2020 年度贵州省申请律师执业实习人员培训（遵义）班上的讲话 117
坚持“三个导向”，确保学习教育活动取得实效 123
律师、法律和底线
——写在“两拥护、两忠于、守底线”活动中 126
遵义律所应往何处去？
——省律协副会长、市律协会长令狐兴中谈律所发展 130
心怀信仰　责任在肩 134

遵义实践

遵义律师社会责任报告(2017 ~2018) 141
不忘初心 勤勉尽责 奋力开拓遵义律师工作新局面
——在遵义市第六次律师代表大会上的报告 150

媒体报道

红色名城中的耀眼“律色”
——遵义律师参政议政实地调查 宋安勇 165
党建促所建 党务强业务 党风带行风 让党旗
在遵义律师行业高高飘扬 龙立琼 173
遵义律师承载梦想 肩负使命 陈晓红 178
而今迈步从头越
——遵义市律师行业集中学习教育整顿活动综述 李培松 184
责任与担当:在全面履职上“细”做文章
《遵义律协为何声名远播?》系列报道之二 张 纯 189
能力与实力:在内强素质上“精”下功夫
《遵义律协为何声名远播?》系列报道之三 张 纯 198
平台与舞台:在外塑形象上“化”成口碑
《遵义律协为何声名远播?》系列报道之四 张 纯 206
关爱与关照:在建设家园上“练”就精神
《遵义律协为何声名远播?》系列报道之五 张 纯 214

理论探索

浅谈地方律师协会建设之组织建设

《律师法》已经颁布21年,地方律师协会承担两结合管理体制中律师行业管理职能经过实践,取得了一定的成绩,推动了地方律师业的发展,但客观讲,各地情况不一,不少地方律师协会在履行管理职能中还存在不足。正是这样,2017年1月9日,中华全国律师协会(以下简称全国律协)在京召开学习贯彻《司法部关于进一步加强律师协会建设的意见》座谈会,司法部副部长、党组成员熊选国在讲话要求,各律师协会要全面贯彻党的十八大和十八届三中、四中、五中、六中全会精神,深入学习贯彻习近平总书记系列重要讲话精神和对律师工作的重要指示,认真学习贯彻中央关于律师工作的决策部署,进一步加强律师协会建设,发挥好律师队伍在全面依法治国中的重要作用,为深入推进全面依法治国作出积极贡献。

地方律师协会能否在两结合管理体制中发挥行业管理作用,在地方律师协会建设中,组织建设非常关键。有一个好的领导班子,能更好地履行协会的管理和服务职能,凝聚律师力量,充分发挥律师在经济社会发展和民主政治建设中的作用。

在现代社会生活中,组织是人们按照一定的目的、任务和形式编制起来的社会集团,组织不仅是社会的细胞、社会的基本单元,而且可以说是社会的基础。中国律师业的发展,在中央大政方针确定的前提下,需要一个个地方律师协会去推动。如何加强地方律师协会组织建设?笔者在地方律师协会任职14年,现结合遵义市律师协会近年来的实践,就地方律师协会组织建设问题提出粗浅看法,以请求方家。

一、选好人是组织建设的前提

我国律师身份经历了转变的过程:1979年复建律师制度时颁布的《律师工作暂行条例》中规定——律师是国家法律的工作者,代表国家,维护国家利益,这显然是国家公职人员身份;1996年《律师法》颁布,律师被定义为——为社会提供法律服务的执业人员,通俗讲,律师由原来的国家发工资到自行找饭吃。中国律师行业走过近40年,不容否认,有的律师已经富起来了,如深圳律师协会会长在竞选时可以表态不在协会报销一分钱,但也要看到,还有不少律师仍然在为生计奔波,特别是在西部。

律师职业的特殊性使律师群体有共同的职业活动,有相近的职业教育经历,有相同的职业习惯,这是律师行业自律的客观基础,而律师行为的调整,律师行业竞争的规范和律师权益的维护,决定律师行业组织的产生成为必要。一个地方律师业要发展,在有大背景支撑的情况下,地方律师协会很好履职是非常重要的。地方律师协会组织建设关键在人,会长会、常务理事会、理事会成员由一群什么样的人组成,决定这个协会能否很好履职。什么样的律师能进入组织?笔者看来应当具备几个条件:一是有坚定的信仰,信仰社会主义法治,信仰中国共产党的领导,对此有的律师不以为然,宪法是根本大法,中国共产党的领导早已经写进宪法,作为法律人的律师不应该有疑问;二是有奉献精神,把律师当作事业,在地方律师协会任职班子成员都是不拿工资和补贴的,没有奉献精神,没有把律师当作事业来做,很难认真履职,客观情况是,很多地方律师协会任职的律师收入并不像北上广律师那样可观,需要做案件同时兼顾协会工作,靠的是对事业的热爱来为协会奉献;三是有在公务员队伍或事业单位工作经历,在协会工作,会有很多时候与党政机关、司法机关及其他部门打交道,得懂基本规矩和基本礼仪,客观地说,律师中有些人对此并不具备。

客观地说，在当今地方律师协会及省级协会中，有那么一些人热衷于当选后的头衔，甚至不惜动用关系来争取，在任职后却并不真正为律师做事，这是律师协会组织建设中用人之大忌。各级司法行政机关党组在换届中应认真甄别，把那些真正愿意为协会工作、有奉献精神的律师选到协会组织中来。

二、培养人是组织建设的基础

在中国地方一级律师协会中，个人会员从几百人到一千多人占很大比例，西部是这样，东部也如此，这就为地方律师协会选择律师担任领导班子成员带来了难处。上海律师协会章程可以规定每三年一届，会长只能任期一届，在绝大多数地方律师协会却不能如此。地方律师协会要加强组织建设，面临人才的培养问题。

如何培养律师协会领导班子人才？这是一个复杂的问题，笔者认为可从以下几方面着手：第一，通过协会组织的各种活动发现有培养前途的苗子，如检察官律师辩论赛，演讲比赛，律师论坛等，这些活动中会发现一些优秀人才，将他们纳入后备人才库；第二，通过组织活动，让这些人才挑大梁得到锻炼，充分发挥他们的能力，更为关键的是在这些活动中，让这些人才的表现得到律师们的认同，也让律师们看到他们为协会工作的公心和奉献精神；第三，推荐有公心和奉献精神的律师人才参政议政和参加各种学习，让他们在学习中成长，尤其是协会要加大和统战部门的联系，律师毕竟是新社会阶层人士，而近些年统战部门对新社会阶层人士的培养非常重视；第四，将在律师协会组织活动中表现突出的人才放到副秘书长岗位进行锤炼，副秘书长是一个非常锻炼人的岗位，在副秘书长的工作岗位上可以进一步考察人，协会安排的工作能否认真完成，政治上是否坚定，工作是否有主动性，是否有能力担任协会领导等都可以检验；第五，通过认真筛选，律师协会在换届前将优秀的副秘书长向司法行政党组推荐，让他们作为换届领导班子候选人，进入新一届领导班子，在更大的平台为律师服务。

三、考核人是组织建设的关键

地方律师协会组织建设的关键环节在于要建立考核机制，对担任协会的理事、常务理事、会长及副会长要进行考核，通过考核让本人及广大律师清楚在履职期究竟为协会做了什么工作。

如何建立考核机制？由谁来进行考核？遵义市律师协会的做法是：首先，换届前找理事候选人谈话，将有能力、有奉献精神、愿意为协会工作的律师作为人选推荐给下一届；其次，在选举产生理事后，当着全体律师代表的面签署承诺书，由当选理事承诺愿意为协会工作，愿意为律师事业的发展奉献自己的力量；最后，由会长会、常务理事会、理事会成员代表向理事扩大会（有不是理事的各所主任）述职，一届下来，几乎都能述职一次。值得注意的是述职要采取抽签形式进行，要让理事会、常务理事会、会长会成员有普遍的述职意识，有压力，在平时的工作中主动履行承诺积极为协会工作。当然，会长的考核可以由司法行政机关来完成，会长工作的情况更多可以通过协会平时的活动表现出来。

地方律师协会领导班子的建设很重要，中央对律师工作的重视要转化为地方律师业的发展，协会领导班子身负使命，将律师中优秀人才选拔到协会领导岗位，是组织的信任和广大律师的期盼，协会班子成员要勇于接受考核。

四、用好人是组织建设的核心

地方律师协会在组织建设中用好人是核心。在地方律师协会组织建设中，由于符合任职条件的律师不如大城市那么多，如上海可以会长只任一届，许多地方律师协会还存在后备人才的培养问题，在任期的设置上连任两届较为恰当，包括会长、副会长、秘书长。在中国律师业发展的现阶段，选好用好一个会长，非常关键。一个好的会长可以带领协会协调好与党委、政府、人大、政协及有关部门的关系，可以与政法机关进行有效沟通，可以为律师搭建许多平台，可以带领班子开展许多活动，有效推动律师业的发展。

一届律师协会班子组成后，如何进行分工，怎样分工才能最大限度发挥好律师协会行业管理作用，这是需要不断深入研究和实践摸索的。在一届班子成员中，由于执业时间不同、人生经历不同、学业背景不同、专业方向不同、性格特征不同，协会会长要对此有基本了解，按照不同职责和律师差异的情况进行合理分工。在会长总揽全局的情况下，最大化发挥不同成员在协会工作中的作用，使协会工作有分工、有合作、实现有效运转，进一步提高履职能力。

（本文原载《中国律师》2017 年第 10 期）

浅析地方律师协会建设之作风建设

党的十八大以来，习近平总书记多次对律师工作和律师队伍建设作出重要指示。律师事业继续发展，截至 2016 年年底我国律师人数越过 30 万人大关，律师事业的发展给律师管理带来挑战。面对新的形势，律师协会如何肩负起两结合律师管理体制中管理和服务职能、切实提高履职能力、团结带领广大律师为社会经济发展和民主政治建设作贡献，是摆在各级律师协会面前的一个重要问题，是对各级律师协会的严峻考验。

地方律师协会直接面对律师群体，在管理和服务中直接与律师打交道，作为律师行业组织，既没有权，也没有钱，要带好律师队伍真的不容易。律师协会班子是在司法行政党组的领导下，在司法行政机关的监督指导下产生的团队，如何真正发挥行业管理和服务作用，协会班子的作风问题非常关键。作风是世界观、人生观、价值观的外在反映，是个人修养、政治品质、道德境界的具体体现。地方律师协会建设之作风建设，核心在于班子成员的个人修养、政治品质、道德境界提升，在于建设一个真正为律师事业发展谋划、践行的班子，以此带领广大律师组成党和人民可以信赖的队伍。律师协会的班子成员包括各个协会《章程》规定选举产生的理事、常务理事、会长、副会长，还包括聘任的秘书长、副秘书长。如何加强地方律师协会作风建设，笔者认为可以从以下几方面入手。

一、要有强烈的使命感和责任意识

律师协会的班子成员都是律师,没有报酬,地方律师协会的会费收入很有限,决定了班子成员是自己贴钱在为协会做事,这需要班子成员要有奉献精神。律师兼职在协会做事,这一特点决定了班子成员在很多时候面临选择,是以自己的业务为重,还是以协会的工作为重,班子成员要对律师事业有无比的热爱,才能舍弃小我而为大家服务。田文昌律师说,当你在律师职业生涯中经受过更多的事件和历练之后,你很自然地就会进入一种境界,感受到一种不可回避、不可推卸的责任,这就是社会责任感,就是一种即使你不想接受,甚至经过内心的痛苦挣扎也无法拒绝的使命感。

现在的地方律师协会中,不少班子成员能为律师事业的发展勤勉尽职,为推动地方法治建设和律师业的进步努力工作。但客观地说,也有不少律师在选上以后并没有真正为律师做事,看重的是协会领导的名头,律师对这些行业领导是有怨言的。这些领导其实是使命感和责任意识不强,对中国律师业的过去和未来没有很好的认识。

100 年前,沈家本、伍廷芳推动中国律师制度建立,遭到张之洞等重臣的阻击;1912 年孙中山就任临时大总统,伍廷芳为司法总长,竭力推进律师制度正式建立;60 多年前律师制度连同支撑制度的《六法全书》遭到彻底废除;1954 年宪法诞生,律师制度在新中国复出;1957 年“反右运动”中律师制度再次夭折;20 世纪 70 年代末“拨乱反正”,中国律师制度再一次恢复和重建。中国律师制度从提出到现在,走过了艰难的历程。党的十八大以来,习近平总书记对律师工作作出一系列重要指示,党的十八届三中、四中全会对律师工作作出重要部署,标志着我国律师事业进入了一个新的发展阶段。在这样的历史和现实情况下,作为地方律师协会领导班子成员,对此要有清醒的认识:当上律师行业管理的协会领导,是组织和广大律师的信任,要有使命感和责任意识,要身先士卒,率先垂范。带头树立优良作风,带头管好自己所在的律师事务所。要把个人的追求融入律师事业之中,为律师业发展主动谋划,为地方律师业发展、为地方经济社会发展和民主政治建设勤勉尽责。只有这样，才能不辜负这美好的时代。

二、要加强自身理论学习、陶冶情操

两结合律师管理体制的建立，司法行政机关对律师事务所和律师的管理是宏观的监督和指导，《律师法》第 4 条规定，“司法行政部门依照本法对律师、律师事务所和律师协会进行监督、指导”。这决定了地方律师协会在律师业发展中肩负使命，律师协会班子成员必须提高加强党性修养的自觉性，树立正确的世界观、人生观、价值观。律师职业的特点决定了律师自己学习专业知识没问题，对集体组织学习则有难度。笔者在当选会长后，常务理事会通过了《遵义市律师协会学习制度》，规定了理事会、常务理事会、会长会的学习，但执行的并不理想。律师协会领导班子要善于学习、加强学习、带头学习，通过理论学习，提高自身的认识能力和思维水平，尤其要提高对作风建设重要性的认识，增强培养树立优良作风的紧迫感和自觉性。要通过学习党的光辉历史，接受精神洗礼，不断熏陶自己，修炼自己，激励自己，完善自己，提升自己的精神境界。

律师不是一般群体，对学习有自己的看法和理解，协会在组织学习活动中，一定要注意方式和方法。如关于党的领导和党的光辉历史问题，中国共产党的领导是写入《宪法》的，但现在年轻律师多，对党的光辉历史不是完全清楚。针对这种情况，遵义市律师协会在读书活动中推荐了由京沪 5 位青年学者联袂创作、中国人民大学出版社出版的理论力作《大道之行：中国共产党与中国社会主义》，然后又买书发给理事和每个事务所主任。律师们普遍反映，5 位青年学者以强烈的忧患意识和使命感，论述了中国共产党如何克服重重危机和挑战，回答了他们关注和深感困惑的一些重大问题，起到了很好的学习效果。

习近平总书记说：“每一代人有每一代人的长征路，每一代人都要走好自己的长征路。”历史选择了我们这一代人作为地方律师协会班子成员，为了完成历史使命，为了中国法治国家的建立，为了实现“两个一百年”奋斗目标，为了实现中华民族伟大复兴的中国梦，必须加强理论学习，增强使命感，团结带领广大律师走好我们这一代人的长征路。

三、要脚踏实地为律师事业发展谋划、践行

地方律师协会承担行业管理和服务职能,有太多需要做的事,不是发个文件,下个通知,很多事都需亲力亲为。如制定地方律师发展规划,向党委政府汇报工作,协调与公检法的关系,律师维权,组织律师培训,开展提升律师形象的系列活动等,这些都需班子成员具体去做。一个地方律师协会班子是否受到律师群体的拥护,关键在于协会班子是否在行动,说一千句话不如做一件实事,做没做律师看在眼里,记在心里,好作风具有实践的品格。

有人说律师是自由职业,有一定的道理。作为律师之家的协会,要团结带领广大律师服务社会、维护社会公平正义,要让律师有家的感受,就要不断开展活动,通过活动凝聚律师之心,通过活动展示律师良好社会形象,通过活动律师得到党委政府的信任。在这些活动中,协会班子成员要积极谋划、组织、参与,这也是协会班子成员得到广大律师认可的主要途径。在组织活动时要紧紧围绕党委政府的中心工作,参与到地方经济社会发展和民主政治建设的实践中。如遵义市律师协会在2016年律师参与化解和代理涉法涉诉信访案件工作中,选择了250多名律师参与,建立了律师接访窗口47个,律师参与坐班接访累计870天,接访案件1248件,引导信访人通过诉讼渠道解决案件381件,代理26件,律师调阅卷宗317件,向政法机关提出意见建议124条,采纳96条,帮助申请救助84件。在政法各单位共排查的317件涉法涉诉信访案件中,筛选了176件交由律师包案化解,律师成功化解了117件,化解率为66.5%,居全省第一,得到省委政法委和市委的充分肯定,很好提升了律师社会形象。

四、要以制度为保障不断提升履职能力

地方律师协会作风建设要以制度为保障。俗话说“没有规矩,不成方圆”,协会在作风建设中首先要订立相应制度,对理事会、常务理事会、会长会成员要有约束,领导班子带头执行,在此基础上对律师事务所和律师的管理才有说服力。以遵义市律师协会(以下简

称“协会”）为例，根据《章程》《律师会会议制度》《常务理事会会议制度》等制度规定，理事、常务理事、会长及副会长必须履职，如本人不能履职，可以提出书面辞职请求，由理事会批准，理事、常务理事累计2次无正当理由缺席会议的视为辞职；理事、常务理事、会长会成员要进行述职。这些制度的实施，保证了协会的有效运转。近几年协会开展大量的活动，树立了律师协会的形象，提升了律师协会的知名度，扩大了遵义律师的影响。

正是这样，协会在对律师事务所和律师的管理上敢于动真格，在律师事务所及律师诚信考核和律师年度考核上绝不走过场，在要求律师事务所和律师参与的其他活动上，能严格纪律要求。如2017年3月遵义市政法委召开的涉法涉诉工作会，一名事务所主任无故不参加，协会正式发文通报批评；在协会对实习律师的管理和考核上，严格管理，把好入门关，考官认真负责，把考核当成律师的一次学习机会，对不合格的延长实习期。从近几年实习律师考核看，2014年考核85人，合格70人，延长15人；2015年考核98人，合格89人，延长9人；2016年考核120人，合格100人，延长20人。实习律师已经完全适应协会的严格考核，在实习期间不走过场，认认真真保质保量的实习。通过实习，学到了从事律师执业的基本技能，达到了实习的目的。

探索地方律师协会建设之文化建设

——以遵义律师文化建设为视角

文化是灵魂。党的十七大报告指出,“当今时代,文化越来越成为民族凝聚力和创造力的重要源泉,越来越成为综合国力竞争的重要因素,丰富精神文化生活越来越成为我国人民的热切愿望”。律师文化是法治文化的重要组成部分,决定了地方律师协会在建设中,应加强对律师文化的建设。本文以遵义律师文化建设为视角,探索地方律师协会文化建设问题。

律师文化建设的核心是,以律师为本,着力提高律师的思想道德和法律素养,使律师的精神高度和审美境界达到和谐统一。关于律师文化建设的路径选择,笔者在《浅析律师文化建设的路径选择》一文中归纳为“参与构成本地的法律文化生活——律师文化建设的社会化,积极提升律师素质——律师文化建设的对象化”,本文重点从地方律师协会文化建设的主要内容进行考量。

一、以制度为保障,引领律师行为规范

地方律师协会在两结合管理体制中承担着对律师的管理和服务职能,这决定了地方律师协会在律师文化建设中要制定相应制度,以规范引领律师行为。地方律师协会在履行管理职能时,要充分认

识到协会对会员的管理是《律师法》赋予的职责，协会要认真行使管理的职权，对会员严管是爱，放任是害。怎么行使管理职能？律师是法律人，在管理中首先要有规则，通过理事会、常务理事会制定相应规则，有管理依据才能行使有效管理。近些年，遵义律师协会先后制定了《律师协会投诉查处工作规则》《律师协会惩戒委员会受理处理投诉会员事项的程序规则》《律师协会会员违规行为处分规则》等针对律师和律师事务所的违规行为实施处罚的实体和程序规则。

律师是学习和运用规则的人，理应在诚信体系建设中起带头作用，作诚信体系建设的促进者。在2010年遵义律师协会与市司法局联合制定《遵义市律师诚信制度考核办法》《律师事务所和律师诚信考核内容和扣分标准》，将律师事务所和律师的诚信等级分为甲、乙、丙3个等级进行评定。每年由律师事务所和律师进行申报，由司法行政机关与律师协会组成评审小组进行评定，公示无异议后在司法行政机关和协会网站及协会杂志上公告。在几年探索的基础上，该制度已经成熟，今年律师协会将诚信等级评定情况纳入律师年度考核内容，这较好地推动了律师诚信制度建设。

二、以活动为载体，提升律师思想道德和法律素养

律师文化建设必须有载体，而协会组织开展活动是律师文化建设的主要载体，通过活动，把律师文化建设的内容深入进去；通过活动，让广大律师在活动中自觉不自觉地受到熏陶。遵义律师协会的做法是：

一是依托律师年度培训，提升律师文化素养。最近4年，遵义律师年度培训邀请了国内知名法律大家讲授法律课程，如陈光中、陈瑞华、乔新生、刘桂明等；国内知名律师传授办案技巧，如顾永忠、钱列阳、王才亮、程守泰等。除此之外，在文化建设上，针对遵义是红色之城，邀请了贵州著名红色专家黄先荣先生讲授长征文化；针对遵义是历史文化名城，邀请贵州著名学者曾祥铣先生讲授遵义历史文化；针对律师的文化自觉，邀请贵州著名学者顾久先生讲授律师与文化自觉；还邀请江西尚朴文化研究院研究员吴友明先生讲授道德经与法治等课程。

二是开展文艺活动,展示律师精神风貌。协会每年组织迎春茶话会的文艺表演,特别是2015年协会成立20周年文艺汇演在遵义演艺中心举办,律师用文艺方式诠释法律,向社会展示遵义律师精神风貌;连续3年的青年律师演讲比赛,培养律师爱岗敬业精神;体育活动周活动,培养律师团队意识和树立律师积极向上的拼搏精神。

三是开展律师之家活动。协会在律师生日时送上贺卡及看望慰问困难律师体现协会人文关怀;在三八妇女节为女律师送上礼物或开展化妆、礼仪等培训,让女律师感受到家的温暖;坚持重阳节邀请老律师座谈,让律师弘扬尊老敬老爱老的传统美德等。

三、以媒体为平台,宣传律师文化

律师文化建设要有自己的平台,学会与主流媒体打交道。律师制度毕竟恢复重建才30多年,律师职业特别需要宣传,这是律师文化建设的社会化的需要。地方律师协会要特别重视宣传工作,让社会上更多的人了解律师制度和律师,这在树立律师形象的同时也是律师文化建设的重要内容。遵义律师的做法是:

1. 创办《遵义律师》杂志,打造遵义律师宣传品牌。《遵义律师》杂志是司法行政机关主管、律师协会主办的内部发行刊物,以建设"坚持信念、精通法律、维护正义、恪守诚信"高素质的律师队伍为办刊宗旨;坚持摘登法律格言或法律人精辟短语,让法治理念、职业操守在不知不觉中转化到律师的言行之中;开设《律师论坛》等栏目,提升律师业务素质;坚持开设《律师文苑》等栏目,丰富律师文化生活。坚持向市级领导、县级主要领导和政法机关科(庭)赠送,得到时任遵义市委常委、宣传部部长丁福秋,时任遵义市委副书记、政法委书记宋晓路等领导的肯定,得到政法机关干警好评,广大律师的喜爱。

2. 出版《遵义律师志》。2014年11月,由遵义市律师协会编撰的《遵义律师志》在中国文史出版社出版,一方面梳理了自1936年以来遵义律师的历史,另一方面很好地宣传了遵义律师。

3. 加大与主流媒体的合作。遵义市律师协会先后与遵义市电视台合办《泽丹说法》《法治遵义》等栏目,与遵义广播电台合作《以案说法》节目，在《遵义日报》开设《律师说法》栏目，同时在《贵州日报》《遵义日报》发表关于遵义律师发展的专题文章。

4. 召开新闻发布会及发布《遵义律师社会责任报告》。律师是中国特色的社会主义法律工作者，既要维护当事人的合法权益，也要彰显律师的社会责任。遵义市律师协会从 2014 年开始建立新闻发言人制度，就遵义律师业发展中的重大问题及时向社会发布，同时每两年发布 1 次社会责任报告，向社会展示遵义律师在社会责任方面的履职情况。从 2015 年、2017 年两次发布《遵义律师社会责任报告》彰显了律师形象，获得了社会广泛好评。

5. 建立网站及与自媒体合作。遵义律师协会网站建立 6 年来，及时上传遵义律师在服务遵义经济社会发展中的作为、遵义律师行业动态等内容；同时，在自媒体时代，加大与自媒体的合作，重大活动除邀请主流媒体外，也邀请自媒体及时发出遵义律师声音。

四、以沟通为目的，着力法律职业共同体文化建设

一个区域，有一个区域的文化，也自然有一个区域的法律文化。而律师文化并非孤立的，自然应成为区域法律文化的重要组成部分，与法官文化、检察官文化等一起构成区域的法律文化。在律师文化建设中，遵义律师协会重视与政法委、法院、检察院、公安机关的沟通交流。在市政法委的支持下，出版《遵义律师》增刊——律师参与化解和代理涉法涉诉信访案件专辑，及时总结相关工作中的经验；与遵义市中级人民法院举办法官律师对话论坛，及时沟通律师与法官在司法实践中遇到的问题。2015 年 6 月，会长令狐兴中还应邀在遵义市中级人民法院、上海市第一中级人民法院共同主办的“公正为民、敢于担当——邹碧华精神”研讨会上发表题为“尊重，构建法律职业共同体的关键——学习邹碧华精神有感”演讲；已连续与遵义市检察院共同举办 3 届遵义检察官律师辩论赛，通过这个平台，锻炼了年轻律师，更为关键的是加大了与检察院的交流与沟通。

2016 年开始的全市律师参与化解和代理涉法涉诉信访案件工作，对遵义律师协会来说是与法院、检察院、公安机关沟通交流的重要平台。遵义市律师协会紧紧抓住这一机遇，由 3 个副会长各率 1

个组分别入驻法院、检察院、公安机关,既为他们在涉法涉诉案件方面解难,也很好地与他们进行沟通交流。由于成绩突出,2017 年市政法委第一次对参与化解和代理涉法涉诉信访案件工作表现突出律师的 30 名优秀律师表彰,取得很好的社会效果,也促进了法律共同体建设。

(本文获 2017 年第九届西部律师论坛优秀论文奖)

浅析律师文化建设的路径选择

——以《遵义律师》发行四周年为视角

党的十六大和国家“十五”规划纲要提出加强社会主义文化建设。关于文化建设的问题成了热点，作为社会主义文化重要组成部分的律师文化自然也就被提上议事日程。文化不是一朝一夕，而是一种传承和发展。律师文化也是如此，并非提上议事日程就存在了、重要了，不提就不存在、不发展了。事实上，律师文化从律师制度恢复发展 25 年来就一直伴随整个行业的发展而发展。有人将中国律师文化的内容体系概括为律师群体文化、律师集体文化、律师个体三位一体①。笔者认为，文化说大很大，说小很小，它浸润在律师行业的发展规划中，也存在于律师个人的言谈举止间，更是无时无刻不包含于一个律师事务所、一个律师协会的具体工作环节里。本文试图从《遵义律师》发行 4 周年的视角来分析律师文化建设的路径选择。

一、参与构成本地的法律文化生活——律师文化建设的社会化

按照美国社会学者拉尔夫·林顿的解释，“社会化”的本意是指儿童受其文化熏陶的过程，在这

① 参见宋占文：《论律师文化》，载《中国司法》2006 年第 3 期。

个过程中，他们由一种非社会的小生命变成了社会的人。[①] 律师文化在建设过程中首先应当考虑的是社会化问题，也就是要考虑律师作为一个群体在区域发展中如何让律师文化形成、发展、普及，以及如何让律师文化发挥功能和实现价值。简言之，也就是如何让律师这一群体进入区域成员的视野，让区域成员关注，展示律师文化中的优秀成果。这几年，围绕律师文化建设的社会化问题，遵义律师协会做了以下工作：

1. 邀请市委、市政府职能部门，人大、政协及公检法相关人员召开座谈会，扩大《遵义律师》的影响，让律师文化进入相关领导的视野，为遵义市民主政治建设及社会经济发展服务。如 2004 年 11 月召开的"《遵义律师》与遵义律师发展座谈会"，相关部门领导出席，为遵义律师的发展提出了很多宝贵建议，同时也扩大了遵义律师的影响。像这样的座谈会，遵义律师协会近几年来召开了几次。

2. 坚持向市级四大班子领导及公检法领导赠送律师杂志。从 2002 年起，遵义市律师协会坚持向市级四大班子领导赠送《中国律师》《中国司法》《遵义律师》，向市级公检法领导及下设各庭处室、各县区市四大班子领导赠送《遵义律师》，扩大了律师文化的影响。

3. 坚持向遵义市公检法机关单位及遵义其他机关、学校、群团组织等单位的同志约稿，扩大《遵义律师》的宣传。如 2003 年第 2 期登载了遵义市政法委邱会儒同志的《为公布律师职业污点制度叫好》，2005 年第 3 期登载了时任凤岗县委书记李本强同志的《关于构建和谐社会的几点思考》。通过这样的方式，让律师作为一种文化现象，深入人心，为遵义市普法教育作出了一定的贡献。

4 年的坚持，《遵义律师》杂志在律师文化建设方面做出了一定的贡献，在外树形象上，《遵义律师》搭建了一个较好的平台，让各级领导及法律人认识、了解了遵义律师，也让各级领导意识到在社会主义民主法治建设、社会经济发展中应充分发挥律师作用。如从

---

① 参见[美]克莱德·克鲁、克洪等：《文化与个人》，高佳等译，浙江人民出版社 1986 年版，第 83 页。

2005 年 8 月 1 日起建立了律师参与市级领导信访接待工作制度。2003 年年底,遵义市律师协会被遵义市社会科学界联合会评为先进集体,《遵义律师》主编令狐兴中被评为先进工作者,受到表彰。2003 年,遵义市律师协会获贵州省民政厅、贵州省人事厅颁发的“优秀民间组织”奖。2003 年年底,遵义市律师协会被遵义市社会科学界联合会评为“遵义市 2002 ~ 2003 年度全市社会科学团体先进集体”。时任市委常委、市委宣传部部长丁福秋在会上指出:遵义市律师协会创办《遵义律师》杂志,广泛宣传宪法和法律,为遵义市的法制文明作出了贡献。

苏联法学家 C. C. 阿列克谢耶夫指出:在社会主义社会中,法律文化的意义超出了法律和法律实践的领域①。律师文化建设的社会化问题,从一定区域来看,首先是律师文化被认知,律师群体要积极参与构成本地的法律文化生活。遵义子尹律师事务所从 2002 年起,就是贵州广播电视大学遵义分校的教学实践基地,在一定程度上对律师文化的传播起到了作用。遵义市司法局、遵义市律师协会组织的“法律进社区”、律师为“四在农家”提供法律帮助等,都在一定程度上起到了律师文化传播的作用。

二、积极提升律师素质——律师文化建设的对象化

司法部《2006 年中国律师业发展政策报告》提出,“要把建设先进的律师文化作为推进律师工作发展的重大举措”。2006 年 9 月,首届“中国律师圆桌对话”在吉林召开,与会代表就“律师文化的萌芽与探索”主题发表了演说。许多律师纷纷撰文论述律师文化的重要性,但在“律师文化是什么”的问题上却众说纷纭,难以形成一个让大多数律师接受的概念。笔者认为:在刚刚起步的律师文化建设征程中,不要先去定义律师文化是什么,而应围绕律师文化建设的对象化做些脚踏实地的工作。

律师文化建设的对象,首先是律师自己,无论是律师个体文化,还是律师集体文化,抑或是律师群体文化。律师文化建设的过程,

---

① 参见[苏]C. C. 阿列克谢耶夫:《法的一般理论》(上册),黄良平等译,法律出版社 1988 年版,第 222 ~ 223 页。

就是不断提升律师素质的过程。正如歌德在《浮士德》中所说，理论是灰色的，而生命之树长青。《遵义律师》从创刊之始，就把提升遵义律师的整体素质作为其重要内容。围绕如何提升遵义律师的素质，《遵义律师》做了以下工作：

1. 把建设"坚持信念、精通法律、维护正义、恪守诚信"的高素质律师队伍的目标要求作为《遵义律师》办刊宗旨。在《遵义律师》文稿的选择上，以此为选择标准，有意识举行这方面的笔会。如2003 年第 1 期，专设了一个栏目——律师与诚信笔谈，让律师明白诚信是律师的生命线。2004 年第 2 期，专设教育整顿专栏，在《学习论坛》栏目，登载郑纪刚律师《律师诚信缺失原因及对策》一文，在《办案札记》栏目登载钱建闽律师《以律师的名义，维护弱者的权益》的文章等。通过这种形式对建设"坚持信念、精通法律、维护正义、恪守诚信"的高素质律师队伍做了一些基础性工作，取得了一定的成效。

2. 坚持摘登法律格言或法律人精辟短语，让法治理念、职业操守在不知不觉中转化到律师的言行之中。从 2003 年第 1 期起，4 年来，《遵义律师》坚持用封底登载法律格言或法律人精彩短语，内容选择主要围绕法治理念和律师职业操守展开。法律格言和短语是法律文化遗产的精华，对法律格言和短语的理解过程，就是律师作为法律人法治理念和职业操守的升华过程。正如学者董洪利所言，"没有任何人的理解能够做到毫无偏见，永世不变。理解永远是一个无限的、不断反复、不断更新的过程，历史和文化传统就在这一次又一次的理解中得到继承和发展"。[①] 遵义律师普遍反映，通过阅读这些格言和短语，对自身素质的提升起到了润物细无声的作用。如 2006 年第 3 期封底选登了遵义市司法局局长、时任遵义律协会长李学芬同志的一段话"律师业是民主法治社会不可或缺的职业。可以说'政治民主是律师业存在的基本前提，市场经济是律师业存在的重要基础，法律所提倡的公平、正义是律师业赖以存在的土壤'。由此可见，律师业除了商业属性外，还担负着相当重要的社会属性。律师业的社会属性决定了律师业必须在履行社会公平、正义

---

① 董洪利：《古籍的阐释》，辽宁教育出版社 1993 年版，第 80 页。

的基础上获取相应报酬,离开了公平和正义这一社会要求,律师业将无法得到社会的认同。律师业的社会定位,确定了律师业的执业道德要求和社会责任”。

3. 坚持开设《律师论坛》等栏目,提升律师业务素质。从《遵义律师》创刊起,《遵义律师》编委会就重视对律师业务素质的提升。4 年来,《遵义律师》成为遵义律师业务提升的一个重要平台,先后登载了近 60 篇律师论文,内容涉及刑事、民商事、行政诉讼及非诉讼业务、律师管理等。如黄启高律师的《入世后中国律师业面临的挑战与对策》、周明律师的《试论刑事附带民事诉讼中的精神损害赔偿》、蔡可青律师的《关于公民死亡后其肖像权应如何保护问题剖析》、童新强律师的《浅谈律师公共交际》等,律师之间的相互交流学习,对律师业务素质的提升大有好处。

4. 坚持开设“律师文苑”等栏目,丰富律师文化生活。《遵义律师》从创刊起,就开设“律师文苑”栏目,登载文学作品。4 年来,选登诗歌近 40 首,散文诗、小说连载等若干,在一定程度上丰富了律师的文化生活。同时,《遵义律师》始终把封三作为律师艺术作品园地,登载书法、篆刻、摄影等作品,把遵义的风景名胜,律师的精彩作品作为主要内容。通过对这些作品的登载,在一定程度上陶冶了律师的情操。遵义市汇川区司法局干部陈守刚还创作了《名城律师之歌》,登载在 2005 年第 2 期《遵义律师》上。遵义市律师协会正在请作曲家谱曲,准备将其作为遵义律师协会的会歌。

正如我国台湾地区作家龙应台所说:“文化渗透在生活的所有层面,有如白糖融之于水,决定一个社会的整体发展方向。”①律师文化建设是一个长久的、系统的过程,需要从方方面面着手,而不是简单地喊几句口号。4 年来,《遵义律师》编委会始终把律师文化建设作为一个重要内容来思考,紧紧围绕如何扩大律师参与构成本地法律文化生活及如何提升律师文化素质的问题来思考,通过《遵义律师》杂志这个平台在律师文化建设方面做了一些工作,进行了一些有益的尝试。当然,本文是从《遵义律师》发行的视角来谈律师文化建设问题,遵义市律师协会还围绕律师文化建设做了一些其他

---

① 参见张良庆:《律师文化是什么》,载《中国律师》2006 年第 9 期。

工作,如进行社会主义法制理念教育、举办演讲比赛、举办球类比赛、举办学习讲座、举办联欢晚会等,本文没有涉及。律师文化建设涉及的内容多、范围广,下一步,《遵义律师》将围绕司法部提出的发展和培育我国社会主义律师文化的任务,坚持科学、求实的态度,对律师文化建设的相关问题进行深入科学研究,为形成中国特色律师文化作出遵义律师应有的贡献。

地方律师协会建设之遵义实践

2017年1月9日，全国律协在京召开学习贯彻司法部《关于进一步加强律师协会建设的意见》座谈会，司法部副部长、党组成员熊选国在讲话中强调，要把加强律师协会建设纳入重要议事日程，采取有效措施，抓好《意见》的贯彻落实。要完善两结合管理体制机制，细化司法行政机关和律师协会的工作分工，互相配合，形成合力，不断提高管理服务水平。要加强律师协会自身建设，进一步加强律师协会思想政治建设、组织建设、作风建设、党的建设以及信息化建设，提高律师协会履职能力。从1993年12月国务院批准《司法部关于深化律师工作改革的方案》确立了"两结合"律师管理体制基本框架，到2017年司法部出台《关于进一步加强律师协会建设的意见》，"两结合"律师管理体制已经走过24年。司法部提出要完善"两结合"管理体制机制，要加强律师协会建设，说明"两结合"律师管理体制和律师协会建设还有待完善。本文从遵义市律师协会22年发展之历程，分析协会建设中的成功经验与不足，以图对律师协会建设做一些探索。

遵义市律师协会成立于1995年。在省律师协会和遵义市司法局党组的领导下，锐意进取，奋发图强，为平安遵义、法治遵义、和谐遵义建设做出了积极努力，取得的成绩受到各级领导的肯定，多次受到表彰。2003年获得"贵州省优秀民间组织"奖，2003年、2005年获得"遵义市社会科学学会、协会工作先进单位”称号,2008年获得“遵义市在灾后重建工作中开展矛盾纠纷排查调处‘百日行动’先进集体”称号,2008年获得司法部“全国司法行政系统抗震救灾工作先进集体”称号,2010年获得“遵义市社会组织深入学习实践科学发展观活动先进集体”称号,2011年获得“遵义市社会组织党组织和共产党员‘争先创优’活动先进基层党组织”称号,2014年2月,获得遵义市民政局“中国社会组织评估等级AAAAA”殊荣,2016年7月获得“遵义市委、遵义市人民政府2013~2015年度文明单位”称号,2017年4月会长令狐兴中荣获“全国司法行政系统劳动模范”称号。

一、“两结合”律师管理体制探索

遵义市律师协会前四任会长和秘书长由司法行政领导担任,2014年8月召开第五次律师代表大会,首次选举执业律师担任会长和秘书长,“两结合”管理中律师行业协会管理经历了由司法行政为主管理到完全由执业律师组成领导班子自行管理的过程,证明了司法行政领导对律师职业本质认识的不断深化。

我们知道,“两结合”管理体制是司法行政宏观指导、监督与律师行业管理、自律两种属性的结合,是两种不同性质的管理手段基于共同利益而进行的全方位整合。遵义市律师协会近三年由执业律师组成的领导班子自行实行行业管理的实践,充分说明律师协会建设的重要性,也说明“两结合”管理是适应现阶段律师业发展的有效形式。遵义的做法是:第一,重大事项、活动由司法行政机关与行业协会共同会商进行,如每年进行的律师事务所和律师诚信考核评定,每年进行的律师年度考核邀请司法行政机关参与,每年进行的律师年度表彰由司法行政机关与行业协会共同进行,与遵义市检察院进行的3届检察官律师辩论赛,连续3届青年律师演讲比赛,2015年遵义市律师协会成立20周年系列活动,遵义市律师协会2015年和2017年两次社会责任报告的发布等;第二,行业协会特别重大事项请示制度,如增选副会长、常务理事,修改协会章程,增加会员会费等;第三,行业协会重大事项报备制度,如理事会、常务理事会的召开,副秘书长的增聘,协会专委会的设立,协会重大经费的使用等。

“两结合”管理体制在具体实践中，司法行政机关、律师协会要相互沟通、相互尊重，特别是协会领导要有尊重意识，只要相互沟通、相互尊重，很多事情都能办好。在“两结合”管理体制中，司法行政机关与行业协会都不能一家独大，律师事业的发展是两者共同的使命，尤其是行业协会领导不能自行其是，要明白律师作为一种职业，不仅具有特殊的职业属性，同时还有鲜明的国家属性，“两结合”管理体制从宏观上讲，其实就是这两种属性在律师管理模式上的体现。

二、树立律师协会管理权威

不容讳言，我国地方律师协会的管理权威普遍不高，律师协会要担起“两结合”管理中律师行业管理、自律两种职能，充分发挥行业律师行业管理、自律两种作用，必须树立律师协会的管理权威。

律师协会的权威何来？不是律师选出谁当会长就有权威，也不是代表大会开了选出一届协会领导班子就有权威。虽然律师是一种有组织的法律群体，而《律师法》第45条也规定，“律师、律师事务所应当加入所在地的地方律师协会”。这意味着律师群体存在一种监督、管理、规范约束及促进自我发展、自我完善的管理体制。但权威是使人信从的力量和威望，如果一届协会班子没有为广大律师做事，没有发挥作用，律师是不会认同的，协会的权威无从谈起。

遵义市律师协会近年在扩大律师影响和树立律师良好社会形象方面做了大量工作，得到了广大律师的认同。如在脱贫攻坚战中，协会统一认识，脱贫攻坚律师有责，积极响应，对相关工作进行安排部署，设立农民工法律援助工作站、贫困人口法律援助工作站、道真县石笋村精准扶贫工作站，成立扶贫基金管理委员会等专门工作机构，2016年9月7日，参加遵义市法治宣传助力精准扶贫送法下乡活动，在道真县忠信镇忠信中心学校，协会向石笋村捐款100,000元并指派10名律师在现场参与各项活动；为更好宣传法律，协会主动出击，2016年10月起，与市教育局、市司法局、民盟遵义市委共同举办遵义市“百名律师进百校”活动，共动员120多名自愿律师，为100所小学、初中、高中、中职及特殊学校进行法治宣传活动；在中央政法委下发《关于建立律师参与化解和代理涉法涉诉信访案件制度的意见(试行)》后,协会主动作为,成立领导小组,制定工作制度,通过评析信访案件、做好释法劝导工作、提出处理建议等方式,充分发挥律师作为第三方化解社会矛盾的作用,建立了251名律师组成的专家库,通过指派律师进驻政法机关和信访部门,化解了一大批信访疑难复杂案件,2017年3月31日,遵义市召开涉法涉诉信访改革暨律师参与化解和代理涉法涉诉信访案件工作推进会,第一次由市政法委表彰30名先进律师,充分肯定律师工作;对律师参政议政,遵义市律师协会一直很重视,2014年10月,与遵义市委统战部、市司法局共同举办了"律师行业骨干培训班",为律师参政议政培养人才,2016年协会紧紧抓住"换届年"这一大好机遇,积极作为,通过各种渠道和方式,大力宣传律师"中国特色社会主义法律工作者"的政治定位,宣传律师在经济发展、社会和谐稳定和民主法制建设中的职能作用,在换届中产生县、市级党代表4名,县级人大代表8名、政协委员23名,市级层面产生人大代表4名、政协委员10名,这在只有800名律师的群体中,比例是很高的;除上述活动外,遵义市律师协会近年来还举办了其他有影响的活动,如协会成立20周年系列活动,每年与遵义中院举办法官律师对话论坛,三届检察官律师辩论赛等,这些活动的举办大大提升了遵义律师形象,扩大了遵义律师影响,协会自然树立起一定的权威。

有权威才敢管,才会让律师信服,协会统一认识,对律师严管是爱,不管是害。协会始终严格律师执业惩戒与实习人员考核机制,确保律师队伍的整体素质和形象,聘请市政协社会法制委员会主任等14名市人大代表、市政协委员、法官、检察官、公安干警、新闻记者为律师行业行风监督员,进一步加强律师职业道德规范和执业纪律培养,不断提升法律服务质量和服务水平,树立良好的律师队伍形象;开展加强律师执业监督、严肃律师执业道德和执业纪律活动,依法惩戒违规违纪律师,确保律师队伍的纯洁,确保律师队伍的整体形象;完善和改进实习律师考核方式和工作机制,制定考核计分方式,完善并增加了考核内容,增加实习律师网络培训课程,同时要求实习律师参加考核时必须提交书面的实习律师日志,通过上述工作的改进和完善,进一步提高考核工作水平,使考核工作更加规范化和科学化；继续加强律师诚信建设，在全市范围内开展律师机构及人员的信用等级评定工作，通过网站、《遵义律师》杂志等途径向社会上公开，自觉接受社会各界的监督。

三、着力构建会员之家

律师协会要发挥管理、自律职能，一项重要内容是要着力构建会员之家。诗人说，家是停泊的港湾，家是幸福的源泉，家是生活的动力，家是温暖的依靠，家是心灵的乐园。不难看出，不是协会有房屋就是家了，更关键的在于律师有没有归属感，律师协会要构建会员之家有太多的事要做。近几年遵义律师协会做了以下工作：一是提升律师素质，受省律师协会委托，近三年遵义律师年度培训都是协会组织，针对律师业务发展需要，先后邀请陈光中、陈瑞华、乔新生、顾永忠等法学界大家，律师喜爱的刘桂明、陈虎、程守太等热点人物及钱列阳、王才亮、张峥等实务派重量级律师授课，得到律师们普遍好评；二是各专门委员会、专业委员会充分发挥各自的职能作用，举办各类活动，增强协会的生命力和凝聚力，凝聚会员力量，增强会员的归属感和认同感，如为提高全市律师的民事代理和刑事辩护能力，提高律师代理词和辩护词写作水平，2014 年以来分别举办了两届优秀代理词和优秀辩护词评选活动；三是协会长期以来重视文化建设工作，《遵义律师》于 2003 年创办，充分宣传和展示遵义律师风采，弘扬法治精神，2014 年起推选优秀青年律师作为《遵义律师》杂志封面人物，宣传律师正面形象，2014 年年底在中国文史出版社出版《遵义律师志》，在社会上引起广泛影响；四是为增强律师的凝聚力、向心力，根据工作安排，适时开展各类文体活动，从 2015 年起每年举办迎春茶话会，组队参加首届遵义市职工羽毛球邀请赛，组织体育周活动等，丰富律师业余文化生活；五是关心律师生活，在律师生日寄送贺卡让律师感受大家庭的温暖，三八妇女节举办活动关心女律师，五四青年节举办活动为青年律师搭建平台，春节期间看望慰问困难、患病律师及协会退休人员，重阳节召开老律师茶话会邀请老律师共贺佳节、互叙情谊、共谋发展；六是维护律师权利，始终把维护律师执业权利保障工作放在突出位置，切实加强维权机制建设，努力提高律师维权能力和效果。

当然,要提高律师协会履职能力,律师协会建设涉及的内容很多,包括思想政治建设、组织建设、作风建设、党的建设以及信息化建设。要发挥律师在社会主义法治建设中的作用,要充分发挥行业管理作用,律师协会建设还在路上。

(本文原载《中国律师》2017 年第 7 期)

地方律师协会如何挺在前面

——也谈地方律师协会建设

2017年8月，时任司法部部长张军在出席中华全国律师协会举办的“全国律协九届八次常务理事会”“刑事辩护与律师制度改革专题研讨班”“建立律师与司法机关的良性互动关系座谈会”活动中要求“律师协会要挺在前面”。地方律师协会如何才能挺在前面，这实际上涉及地方司法行政机关、律师协会的定位、职责问题，以及地方律师协会的建设问题。正如张军同志所说：“一个时期以来，律师协会自身建设面临一些问题，最主要的就是定位不清、职责不明，导致律协不能发挥作用、不善发挥作用。”地方律师协会在新时代如何挺在前面，笔者认为要做好五个“一”。

一、一个准确的定位

从1993年12月国务院批准《司法部关于深化律师工作改革的方案》确立了两结合律师管理体制基本框架，到1996年5月15日，第八届全国人大常委会第十九次会议审议通过《中华人民共和国律师法》，用法律确立了我国现阶段两结合律师管理体制，虽经历了4次修改，但两结合律师管理体制保持不变。随着司法行政领导对律师职业本质认识的不断深化，两结合管理中律师行业协会管理经历了由司法行政机关为主管理到完全由执业律师组成领导班子自行管理的过程。两结合管理体制是司法行政机关宏观指导、监督与律师行业管理、自律两种属性的结合，是两种不同性质的管理手段基于共同利益而进行的全方位整合。地方律师协会要按照张军同志的要求挺在前面，地方司法行政机关和律师协会首先要准确定位。如何准确定位？一方面是司法行政机关要管好宏观，要进行有效监督，切忌事无巨细方方面面都管，事实上由于司法行政律师管理部门人手少也管不过来，也不能由于有律师协会的行业自律就放手什么都不过问，缺少监督机制，司法行政机关对律师协会的监督，主要是对其规制职能的监督，司法行政机关在监督的过程中，应当确定监督的目标、监督的程序①；另一方面律师协会要认真履职，要大胆管、严格管，要认识到，这是法律赋予律师协会的职责，是律师行业自律的必然要求，同时也要清醒地认识到行业自律必须在司法行政机关的指导、监督下进行。

二、一个能战斗的领导班子

笔者在《中国律师》2017 年第 10 期《浅谈地方律师协会建设之组织建设》一文中，从选好人、培养人、考核人、用好人 4 个方面分析了地方律师协会的组织建设问题，律师协会要在两结合的律师管理体制中真正发挥作用，要按张军部长要求挺在前面，关键还在律师协会要有一个特别能战斗的领导班子。在中国现行体制下，以会长为班长的领导班子显得尤为重要，会长能否带出一个有战斗力的集体，关系到律师协会能否在两结合的律师管理体制中很好履职，关系到在法律职业共同体建设中能否树立起律师良好形象，关系到在地方经济社会发展、民主法治建设中能否充分发挥律师作用。

如何建立一个律师协会特别能战斗的集体？首先是选好班子成员，班子成员要具备下列条件：首先，要有坚定的信仰，信仰社会主义法治，信仰中国共产党的领导；有奉献精神，把律师当作事业，需要做案件同时兼顾协会工作，靠的是对律师事业的热爱来为协会奉献；有在公务员队伍或事业单位工作经历，在协会工作，会有很多

---

① 参见《律师法应回归行业组织法本位——专访中国政法大学教授、博士生导师，中国法学会律师法研究会副会长王进喜》，载《民主与法制》2017 年第 37 期。

时候与党政机关、司法机关及其他部门打交道，得懂基本规矩和基本礼仪[①]。其次，会长要起带头作用，习近平总书记强调，党委书记要善于当好班长，带好队伍，要带头执行民主集中制，在各方面以身作则，发挥好表率作用。律师协会也是如此，会长要在律师事业发展、律师行业建设等各方面以身作则，发挥好表率作用；要认识到当选会长是组织的培养和重托，是广大律师的信任，绝不能辜负这一份重托和信任；要舍小家顾协会的大家，把主要精力集中在协会工作中来；要关注行业动态，思考行业发展；要积极协调各方面的关系，调研事务所发展，等等。再次，会长要团结带领班子成员，充分发挥班子成员的作用。在一届班子成员中，各成员执业时间不同、人生经历不同、学业背景不同、专业方向不同、性格特征不同，会长要对此有基本了解，按照不同职责和律师差异的情况进行合理分工，在会长总揽全局的情况下，最大化发挥不同成员在协会工作中的作用，使协会工作有分工、有合作，实现有效运转，进一步提高履职能力。[②] 最后，律师协会的班子成员，要有社会责任意识，要有担当精神，要时刻树立以维护和树立律师协会的公信、权威为己任，在个人利益与协会利益发生冲突时，必须以律师协会职务为重，做到忠诚、干净、担当。

三、一套有效可行的制度

中华全国律师协会副会长吕红兵，从丰富律师协会的法定职责和完善律师协会运作机制两个方面论述了如何实现律师协会挺在前面[③]。该文更多从宏观层面谈律师协会制度建设，笔者从工作实际出发，就地方律师协会的制度建设提出如下几方面的考虑：

一是制定适合地方律师协会实际的章程。现行各地律师协会的章程由于情况不一，区别很大。如有的设有常务理事会有的没有，有的协会有监事会有的没有，有的协会任期 3 年有的任期 4 年，

---

① 参见令狐兴中：《浅谈地方律师协会建设之组织建设》，载《中国律师》2017 年第 10 期。

② 同上。

③ 参见吕红兵：《健全章程完善法制真正实现律协“挺”在前面》，载《中国律师》2017 年第 10 期。

有的会长任期为1届有的会长2届或者3届,有的协会每年开代表大会有的协会没有等。地方律师协会在制定、修改章程时要根据自己所处区域、协会自身发展、协会会员数量等方面的实际情况,制定适合自己行业发展实际的章程。

二是制定系列切实可行的运行规则。地方律师协会要履行行业管理、自律职能,要发挥律师协会应有的作用,必须有一套完整的运行规则,包括但不限于理事会议事规则、常务理事会议事规则、会长办公会议事规则、秘书处议事规则等。这些规则的制定要根据地方律师协会的具体情况,要适合自己,不能千篇一律,要让规则方便议事真正发挥作用,不能成为摆设。

三是制定有特点的奖惩规则。由于经济、社会、文化发展的不平衡,地方律师协会为更好地履行行业管理、自律职能,既要管理好律师,也要调动律师的积极性,决定了各地在制定奖惩规则时要根据实际情况进行。

地方律师协会在制定相关制度时,一定要结合自身实际,适合自己的才是最好的。只有如此,才能真正发挥律师协会行业的功能。

四、一种看不见的权威

按词典解释,权威就是对权力的一种自愿的服从和支持。人们对权力安排的服从可能有被迫的成分,但是对权威的安排的服从,则属于认同。权威被认为是一种正当的权力,也可以说是极具公众影响力的威望。有没有权威对律师协会来说非常重要,我国地方律师协会的管理权威普遍不高,律师协会要担起两结合管理中律师行业管理、自律两种职能,充分发挥行业律师行业管理、自律两种作用,必须树立律师协会的管理权威。

如何树立律师协会的权威?有权威才敢管,才会让律师信服,笔者认为,一是协会要带领律师积极参与到党委政府的中心工作中去,改变律师在党委政府心目中只是打官司的形象。如在脱贫攻坚战中,协会统一认识,脱贫攻坚律师有责,积极响应,对相关工作进行安排部署。再如律师参与化解和代理涉法涉诉信访案件工作,协会要主动作为,制定工作制度,通过评析信访案件、做好释法劝导工作、提出处理建议等方式,充分发挥律师作为第三方化解社会矛盾的作用,等等。二是要通过积极开展活动,提升律师协会知名度和律师形象。在当下的中国,行业协会很多,人们对律师协会了解不多,往往把律师协会与其他行业协会混同,往往把律师看作只是打官司。律师协会只有通过多组织活动,才能改变人们对律师协会的看法,才能让人们认识到律师协会是政治性很强的组织,才能让人们认识到律师是以维护当事人的合法权益,维护法律的正确实施,维护社会公平和正义为己任的。三是要加大宣传,树立律师良好社会形象。在办好协会杂志、网站、微网的同时,还要特别重视和主流媒体打交道,要宣传律师制度、宣传优秀律师事务所及律师的优秀事迹。四是对律师要敢管、会管,对律师严管是爱,不管是害。除了制定相应的管理制度,在具体管理上要及时收集律师和律师事务所涉及违法违纪被处理的案例向律师事务所发放,要引导律师认识到规范化的管理是对律师的爱护,律师协会针对律师职业的特点,在严管方面要下功夫,要动真格,加强投诉中心建设,要真正敢于“亮剑”,改变协会过去“宽松软”的局面,真正实现“严紧硬”。

五、一个能感受到的家园

律师协会要挺在前面,要发挥管理、自律职能,一项重要内容是要着力构建会员之家,增强律师对协会的认同。常识告诉我们,不是协会有房屋就是家了,更关键的在于律师有没有归属感,有没有认同感。

律师之家如何构建?首先是关心会员的发展,让会员感受到协会真正是家。地方律师协会可以从以下几方面入手:一是抓好律师政治、业务培训,提升律师素质,律师是一个爱好学习的群体,协会要认真抓好每年的培训,不能走过场敷衍了事完成任务,邀请在法律界、法律实务领域的专家学者给律师传递新的知识和业务技能,让律师每年至少享受一次精神“大餐”;二是维护律师权利,始终把维护律师执业权利保障工作放在突出位置,切实加强维权机制建设,努力提高律师维权能力和效果,着力加强维权中心建设,发生律师权益受到侵犯的事情,要按照司法部和全国律协的要求第一时间站出来,第一时间受理,第一时间调查,第一时间处理,第一时间反馈，投诉查处有诉必接、有接必查、有查必果、有违必究；三是充分发挥各专门委员会、专业委员会的职能作用，举办各类活动，增强协会的生命力和凝聚力，凝聚会员力量，增强会员的归属感和认同感，有活动才能凝聚人心，有活动才能让会员施展才能，有活动才会让会员相互之间增加了解；四是切实关心几个特殊律师群体的生活，在律师生日寄送贺卡让律师感受大家庭的温暖，“三八”妇女节举办活动关心女律师，“五四”青年节举办活动为青年律师搭建平台，春节期间看望慰问困难、患病律师及协会退休人员，重阳节召开老律师茶话会与老律师分享律师事业发展的新成就；五是积极开展文娱活动，增强律师的凝聚力、向心力，丰富律师业余文化生活。从全国各地协会的情况看，这类活动可以有很多，如体育类的足球、篮球、羽毛球、乒乓球等，歌舞类的旗袍秀、歌咏比赛、舞蹈大赛等，以及综合类的联欢会等。

站在新时代的起点，党的十九大赋予新时代律师工作新的使命和任务，地方律师协会如何带领广大律师为新时代中国特色社会主义事业发展提供更加及时、精准、普惠的法律服务，是地方律师协会必须思考的问题。地方律师协会只有在党的领导下，在司法行政机关的指导、监督下，不断加强自身建设，真正实现挺在前面，才能为法治中国的建设作出应有的贡献。

（本文入选《全国第十届律师论坛精选论文集》）

致辞寄语

收获2015　展望2016

欢声笑语，喜逢新岁；一年复始，万象更新。

我们满载着丰硕的成果迎来了充满希冀的2016年。

新的一年，新的开始。值此辞旧迎新之际，我谨代表遵义市律师协会，向辛勤工作、团结拼搏的广大律师及其家人致以最亲切的慰问和最诚挚的祝福。

刚刚过去的2015年，嵌入了我们每一位律师的耕耘和努力。在市司法局、省律师协会的关心、支持下，在全市604名律师的共同努力下，遵义律师工作取得了骄人的成绩，律师工作得到最好的诠释和张扬。这一年，是不平凡的一年，是值得我们纪念的一年。

我们不会忘记，2015年，喜事连连，最高人民法院、最高人民检察院、公安部、司法部第一次联合召开全国律师工作会议，孟建柱书记和其他领导的讲话鼓舞了全国律师的士气，一系列保障律师权益规定的出台，让律师倍感兴奋，律师事业的发展真正迎来了春天。全省、全市律师工作会议的召开，各级政法机关前所未有对律师执业权利保障的重视，作为律师的我们，也因此有了更加宽广的舞台。

我们不会忘记，2015年，协会成立20周年抓住这一契机，我们开展了一系列宣传活动：第一次在步行街展出100块展板，用喜闻乐见的方式宣传律师；第一次举办大型文艺晚会，用文艺方式诠释法律;第一次召开大型律师业发展座谈会,回顾过去,展望未来。

我们不会忘记,2015年,遵义市律师协会召开第一次新闻发布会,向社会发布第一份社会责任报告,敢于亮剑,在800万遵义人面前展示遵义律师的社会责任。

我们不会忘记,2015年,遵义律师业取得长足发展,事务所从48家发展到55家,律师人数从487人增加到604人,增幅为24%,律师业务收入8553.12万元,比2014年增加2911.12万元,增幅为51.6%。

我们不会忘记,2015年,遵义市司法局、遵义市律师协会第一次授予实际执业超过20年且无不良记录的祝贵恒等70名律师"遵义律师行业奉献奖",充分彰显律师精神风范。

收获2015,展望2016。

2016年,将是我们又一个进取之年。

抢抓机遇,大有可为。刚刚闭幕的两会,绘就了遵义未来5年发展的美好蓝图,遵义社会经济发展,离不开遵义律师;十三五规划的实施,给我们带来了新的机遇。我相信,只要我们共同努力,遵义律师将大有可为。

法律之师,使命担当。在市政法委的高度重视下,律师参与化解和代理涉法涉诉案件工作已经启动,这既是律师的一项业务,更是律师的社会责任。唯有努力,我们才能不辜负这份沉甸甸的信任。

脱贫攻坚,律师有责。2016年,是向贫困宣战的第一年,在脱贫攻坚战中,律师不能缺位,这是党委、政府对遵义律师的考验。我们要集全市律师之智慧,汇全市律师之力量,各尽所能,众志成城,充分展示遵义律师的良好形象,向遵义人民交出遵义律师在这场输不起的攻坚战中令人满意的答卷。

行业自律,律师之家。2016年,协会将加强制度化、规范化建设,用制度规范行业协会的发展;协会将更加关注会员的权益,将关怀送到每一位会员的心里,将协会建成真正的律师之家。

扬帆起航正当时,砥砺奋进又一春。律师业发展已经进入新阶段,干事创业又逢难得的好机遇。每一位律师都是遵义律师的一分子,遵义律师业向前发展的每一步都离不开每一位的辛劳和付出。让我们以更加务实的作风,更加奋发有为的精神状态,抓住新机遇,迎接新挑战,将我们遵义律师事业推向一个崭新的阶段。

不忘初心　继续前进

律回春晖渐，万象始更新。刚刚告别难忘的2016年，我们迎来了充满希望的2017年。在此，我谨代表市律师协会向一直以来关心和支持遵义律师业发展的各级领导、各界朋友，向801名律师、167名实习律师，并通过你们，向一直大力支持我们工作的家人、亲属致以最诚挚的问候和最美好的祝愿！

2016年，在法治中国建设的步伐声中，遵义律师面对新形势、新任务、新要求，锐意进取、奋力开拓、勇于担当，各项工作取得了较好的成绩。市律师协会荣获市委、市政府"遵义市2013~2015年度文明单位"表彰；遵义律师业务收入第一次破亿元大关；第一次有律师事务所被评为全国优秀律师事务所；第一次有律师荣立三等功；第一次有律师当选党代表；姚剑飞律师荣获司法部"第五届全国法律援助工作先进个人"表彰；宇辉律师事务所等5家律师事务所荣获"2014~2015年度贵州省优秀律师事务所"称号，韦遵宁等8名律师荣获"2014~2015年度贵州省优秀律师"称号等；2016年遵义律师工作成效显著，可圈可点，可喜可贺，需要特别在此提及的是：

脱贫攻坚精准扶贫彰显律师爱心。2016年是脱贫攻坚年和全面建设小康社会的决胜之年，市律师协会为积极响应全市脱贫攻坚工作号召，成立领导小组，成立扶贫基金，收到捐款160，750元，一次性向帮扶点道真县石笋村捐款100,000元。

普法工作开展再树律师形象。市律协与市教育局、市司法局、民盟遵义市委共同举办遵义市“百名律师进百校”活动,遵义律师第一次大规模、全方位开展法律服务进校园活动,带来的影响将是深远的。我相信,今天播下的法律种子,明天会开出法律之花,结出法律之果。

化解和代理涉法涉诉信访案件提升律师地位。作为一种顶层设计,让律师参与这项工作,是党和人民对律师的信任,同时也是对律师的考验。我们组建了251名律师的专家库,通过指派专家库律师进驻政法机关和信访部门,化解了一大批信访疑难复杂案件。同时我们与市中院探索委托特邀调解员参与二审案件的诉前调解工作,先后指派了28名实习律师参与该项工作,目前已成功调解19件二审案件,得到了市中院肯定。可以自豪地说,经过律师和实习律师的艰辛工作,我们经受住了这场大考,律师的地位得到了显著提升。

参政议政律师展现群体形象。在“换届年”,有党委、人大、政府、政协对律师参政议政工作的高度重视,通过市司法局、市律师协会和律师的努力,律师参政议政工作取得了突破。产生县、市级律师党代表4名;县、区(市)人大代表8名,政协委员23名;市级层面产生律师人大代表4名,政协委员10名。参政议政工作,我们律师不再是单兵作战,而是以一个律师群体的形象活跃在政治生活的舞台。

旧岁已展千重锦,新年更进百尺杆。成绩属于过去,在法治中国建设的路上,在遵义经济社会发展的战场,遵义律师的使命任重道远。我们该如何作为才能不负律师职业的选择?当初义无反顾,是因为这职业能让我们过上体面生活的同时还能维护社会的公平正义;是因为我们人生会因选择律师职业而更加精彩;是因为在法治中国前行的路上我们会谱写最美丽的画卷。

在充满挑战的2017年,我们唯有不忘初心,不顾风雨,不辱使命,继续前进。不忘初心,继续前进,就意味着律师要担当如铁;不忘初心,继续前进,就意味着律师要牢记使命,忠诚奉献;不忘初心,继续前进,就意味着要走好我们这一代人的长征路;只有不忘初心、继续前进，才能开辟遵义律师业的未来，才能书写无愧于历史、无愧于人民、无愧于时代的光辉业绩。

昨日的成功带来了今天的喜悦，今天的努力昭示着明天的辉煌。让我们团结一心，砥砺奋进，为实现法治中国梦而奋斗！

携手律途　无问西东

鸡去长空辞旧岁，狗来大地迎新春。

值此辞旧迎新之际，我谨代表律师协会，向全体律师，向关心支持遵义律师事业发展的各级领导、各界人士，致以亲切的问候和诚挚的祝福！

时光不居，天道酬勤；流年似水，岁月如歌。刚刚过去的2017年，无论在国家层面还是对遵义律师来说，都是难以忘记的一年，值得我们永远记住。

这一年，连续出台的多部律师制度改革的规范性文件，标志着我国律师制度改革已然驶入快车道。刑事辩护全覆盖、值班律师、律师监狱会见、律师调解4项改革开启了律师制度改革的新模式、拓展了律师业务的新领域。

律师事业在这片古老而又年轻的土地上以前所未有的方式展开，作为律师，我们有理由欢呼雀跃；作为律师，我们有理由拥抱这个已经来临的律师事业真正的春天。

这一年，一路走来，我们有辛劳有欢笑，有付出有收获。遵义市律师行业第一次党代会的召开，标志着遵义律师党建工作的新起点；在参与化解和代理涉法涉诉信访案件中，遵义市委政法委对成绩突出的黄梅等30名律师进行表彰，开创了遵义律师表彰新历史；第二次遵义律师《社会责任报告》向社会发布，展示了遵义律师新形象；全市律师在创建文明城市、脱贫攻坚、城市建设等领域充分发挥作用，谱写了遵义律师服务社会民生新篇章；遵义律师登上《中国律师》杂志，走进中国律师网，实现了遵义律师宣传新跨越；以律师群体形象站在参政议政舞台，实现了遵义律师参政议政新突破；大连、延安等 7 个律师协会来遵义交流，扩大了遵义律师对外交往新影响。

新时代，新起点，新梦想，新希望。

2018 年我们将全面贯彻落实党的十九大精神，践行社会主义法治，为维护当事人的合法权益，维护法律的正确实施，维护公平正义，在社会主义法治建设大道上继续前行；2018 年是遵义律师充满希望的一年，新年伊始，举办了 10 届的中国律师论坛上第一次发出遵义律师的声音，全国第一次评选的最美法律服务人群体里有了遵义律师的身影；2018 年是遵义律师行业发展的关键之年，我们将召开第六次律师代表大会，选举产生第六届理事会，新一届理事会将承上启下，继往开来。

踏上新的征程，展望新的目标，机遇与挑战并存，困难与希望同在。

日月恒升，山高水长。携手律途，无问西东。梦想行动，都在路上。念兹在兹，唯有拼搏。让我们以人民群众日益增长的美好生活需要为追求的目标，以提升律师政治素质、业务能力为抓手，紧紧围绕党委、政府的中心工作，为遵义全面建成小康社会、决战脱贫攻坚作出遵义律师应有的贡献。

让我们衷心祝愿遵义律师再创辉煌！让我们衷心祝愿律师事业前程似锦！

最后，在新春佳节即将到来之际，我衷心地祝愿大家新春快乐，阖家幸福，工作顺利，健康平安！

风雨多艰志弥坚
关山初度路犹长

值此辞旧迎新之际，我谨代表市律师协会，向关心支持遵义律师事业发展的各级领导、各界人士，向全体律师，致以亲切的问候和诚挚的祝福！

寒暑更替，春华秋实；一分耕耘，一分收获。新时代是奋斗者的时代，刚刚过去的2018年，遵义律师迈着坚定的步伐走在法治中国建设的大道上。

2018年，是求真务实开拓创新的一年。这一年，胜利召开了第六次律师代表大会，选举产生了新一届理事会，新设立了监事会，百余名代表齐聚一堂共同描绘了遵义律师未来发展的蓝图；这一年，遵义律师行业党建工作现场会召开，全市律师进一步统一思想、明确方向、坚定信心、锐意进取；这一年，第一次举办了青年律师发展论坛，赢得了广大青年律师的点赞；这一年，第一次承办了全国性的新时代律师协会建设研讨会，在律师行业产生了较大影响；这一年，市委、市政府第一次表彰了“十佳律师”；这一年，第一次由协会编辑的《律师办案思路》在法律出版社出版；这一年，《中国律师》杂志第一次专题报道遵义律师参政议政风采；这一年，举办了第二届主任、合伙人能力提升班，再次引发主任、合伙人对遵义律师事务所向何处去的深思。

2018年，是辛勤耕耘硕果累累的一年。律师事务所从2017年的79家发展到92家，递增16%，律师人数从959人增加到1148人，递增19.7%，新增实习律师 211 人；全市律师业务收入 18,732.6 万元，同比增长 33.7%；律师担任各级政府、企事业单位法律顾问 1207 家，同比增长 13.9%；律师代理诉讼 22,266 件（民事 18,917 件、刑事 2810 件、行政 539 件），同比增长 35.8%；遵义执业律师人数上升到四位数，律师在服务经济社会发展的广度和深度有所突破。

2018 年已经渐行渐远，2019 年已经大步走来。

激情与汗水成就了过去，智慧与坚韧铸就着未来。

尼采说过，每一个不曾起舞的日子，都是对生命的辜负。新的一年机遇与挑战同在，为了法治中国的建设，为了遵义经济社会大发展，为了遵义律师事业的发展，2019 年我们还需要奋斗，我们还需要拼搏。

在中国经济发展面临下行压力加大的大背景下，遵义经济社会发展面临挑战，我们要思考提供什么样的法律服务，才能发挥助推经济社会发展的作用？随着执业律师人数和律师事务所的快速增长，作为行业自律协会如何更好地履行管理与服务职能，才能适应律师业不断发展的需要？刚刚成立的六届理事会各专门、专业委员会，该怎样充分发挥协会两只翅膀的作用，才能凝聚起律师力量，才能真正建设律师之家？等等。这些问题都要我们来共同思考，共同破解。我相信遵义律师的智慧，我更相信遵义律师的使命感。

风雨多艰志弥坚，关山初度路犹长。2019 年是中国律师制度恢复重建 40 周年，中国律师已经走过 100 余年历史，在改革开放之后才得以重生，从无到有，中国律师已经突破 42 万人，我们自豪地说我们赶上了好时代。在纪念律师制度恢复重建 40 周年的时候，我们也清醒地知道，40 年来，律师作用的发挥已经深入经济社会生活的方方面面，祖国和人民对律师有了更高的期许，律师的社会责任比过去任何时候都显得突出。律师要勇于承担，律师必须承担，只有这样，我们才不会辜负这个美好的时代。

天时人事日相催，冬至阳生春又来。新年的到来给我们带来美好的憧憬，回首过去，我们豪情满怀，展望未来，我们信心百倍。让我们扎实苦干、开拓创新、与时俱进，以优异的成绩向建国 70 周年献礼！

好风凭借力　扬帆正当时

时光飞逝，不经意间，2014 年已经向我们挥手告别，2015 年已经大步走来。

刚送走的 2014 年，中国民主法治建设迎来了多个里程碑式的事件。这一年，我们迎来全国人民代表大会成立 60 周年。这一年，我们迎来中国人民政治协商会议成立 65 周年。这一年，我们迎来依法治国新的里程碑。党的十八届四中全会研究全面推进依法治国重大问题，这在中央全会历史上是首次。大会通过的《中共中央关于全面推进依法治国若干重大问题的决定》15 句话 30 处提到律师，这在中共历史上是首次。全面推进依法治国，就是要以法治巩固人民主体地位，弘扬和践行法治价值理念，为法治中国的建设打牢深厚的群众基础。弘扬法治精神，凝聚法治力量，我们必将创造具有中国特色的法治文明。这一年，我们迎来首个国家宪法日，打开了宪法走进公民生活的一扇心灵之门，其意义不仅是一种仪式上的安排。

刚刚送走的 2014 年，贵州综合经济实力跃上新台阶，地区生产总值 9251 亿元，经济增速继续位居全国前列；全面深化改革实现新开局，完成 99 项重大改革任务，实施 9 个国家级改革试点；开放型经济站在新起点，贵州进入“一带一路”和长江经济带规划；生态文明建设进入新阶段，获批建设全国生态文明先行示范区；新兴产业培育迈出新步伐，大数据、大健康等产业发展风生水起；交通运输发展进入新时代,贵州进入“高铁时代”。这一年,贵州与全国第一批除上海以外的5个试点省份同步启动了司法体制改革试点工作。这一年,贵州律师站在一个新起点,第五次律师代表大会胜利召开,第一次由专职律师担任会长,行业自治走向新的开端,全省3509名律师围绕主基调主战略,充分发挥服务职能,助力贵州,推动经济社会发展、民主法治建设。

2015年是贵州全面深化改革的关键之年,是全面推进依法治省的开局之年。陈敏尔省长在《政府工作报告》中指出:“把公众参与、专家论证、集体讨论决定作为重大行政决策必经程序,全面推行法律顾问制度,制定加强和改进政府立法的实施意见,建立政府规章、规范性文件定期清理制度。”2015年,我们对贵州律师充满新的期待。

好风凭借力,扬帆正当时。让我们张开双臂,拥抱新的机遇;让我们沉着应对,迎接新的挑战。

随着十八届四中全会的召开,法治的春天来了,律师的春天来了,这是律师界的普遍认识。春天是播种的季节,春天是耕耘的季节。站在新的起点,我们只有深刻学习,领会精神,认真钻研业务,才能顺应新的要求;我们要清醒地认识到,有为才有位,只有不断努力,积极投身到依法治国的伟大进程中,才能不辜负党和人民对广大律师的新期盼,才能不辜负这个伟大的时代。

(本文原载《贵州律师》2015年第1期)

恪尽职守　勇于担当　不负重托

遵义市第五次律师代表大会就要闭幕了，寄托着全市456名律师信任与希望的新一届理事会已经产生。在此，我代表理事会向各位领导、各位代表表示崇高的敬意和衷心的感谢！

作为新当选的会长，此时此刻，我的内心充满着感谢、责任和压力。说感谢是因为组织多年的培养和各位代表的信任，将遵义市律师协会会长的接力棒交到我手上；讲责任是因为作为首任执业律师会长的职责要求我必须有所作为；谈压力是因为我的工作能力和进取精神与时代和遵义律师的要求还有差距。我深深地懂得，无论是感谢、责任还是压力，只有化作前进的动力，只有真诚地为广大律师服好务，才能不辜负大家的期望和重托。

遵义全面深化改革新征程的序幕已经拉开，遵义经济社会发展正处在关键时期。在这特殊时期，遵义律师如何大有作为，协会如何带领广大律师更好地服务于遵义经济社会发展，是一个我们必须思考的问题。作为新一届理事会的会长，在这里我讲五点意见：

一是要有全局意识。围绕中心、服务大局，是律师工作的职责所在、价值所在。我们要站在遵义经济社会发展的大局高度来看待律师工作，把律师工作放到遵义经济社会发展的大局中去思考、去谋划、去推进，找准服务大局的切入点、结合点、着力点。我们要从大局中准确把握律师工作的地位和作用,从遵义经济社会发展和人民群众的法律需求中准确把握律师协会的工作重点,努力为遵义经济社会发展做出应有贡献。

二是要有学习意识。大家知道,我们所处的时代是一个信息大爆炸、知识大更新的时代。我们只有加强学习,才能提高自己的专业服务能力,才能胜任社会对律师提高法律服务水平的要求。我们要把学习作为一种习惯、作为一项基本功、作为一种生活态度,乐于学习,善于学习,勤于学习,协会要在造就学习型、专家型律师方面下功夫。新一届理事会要带头学习,要把学习定为一种制度,要认真学习中央、省、市关于律师工作的一系列指示、要求,学习新的法律法规,学习经济、政治、历史、文化、社会等方面的知识。

三是要有创新意识。没有创新,就不可能有合理的,尤其是有效的管理。创新是推动律师工作科学发展的强大动力,也是推动协会发展的强大动力。我们要善于工作方式方法创新,不断探索符合遵义律师工作实际的方法、举措;我们要善于活动载体创新,创造更多符合遵义律师职业特点、执业要求的工作载体,使遵义律师工作更富于创造性,增强实效性。习近平总书记多次强调"空谈误国,实干兴邦"。本届理事会在抓创新的同时,要特别重视抓务实,把务实的理念与创新的精神有机结合起来,力争使协会工作有所发展。

四是要有责任意识。律师肩负着维护法律的正确实施、维护当事人的合法权益、维护社会公平正义的重要责任,这个责任就是对法律负责、对当事人负责、对社会负责。我们要进一步引导遵义律师端正执业态度,认清肩负的责任,强化勇于担当的精神,诚信履职,尽职尽责,共同塑造和维护遵义律师行业的良好声誉,使遵义律师行业成为一个负责任的行业,一个受人尊重的行业。

五是要有服务意识。协会是市委和政府联系广大律师的桥梁和纽带,在律师行业发展中承载着越来越重的服务职能,我们要建设服务型协会。协会各项工作要贴近律师,要更好地作用于律师。我们要情系律师,满腔热忱地为律师排忧解难。我们要下大力气解决律师最关心、最现实的执业环境和业务拓展两大难题,切实服务好、发展好、维护好广大律师的合法权益,努力顺应广大律师的新期待。我们要认清肩负的历史使命,进一步提高协会服务能力,把协会真正建设成为"遵义律师之家"。

青春，是用来奋斗的

青年是祖国的未来，是民族的希望。青年律师是律师队伍的重要组成部分，代表律师事业的未来和希望，青年律师的成长关系着法治中国的建设。在81家律师事务所975名遵义律师中，40岁以下的律师有514人，35岁以下的律师有382人。五届理事会换届以来，理事们特别关心青年律师的成长，为青年律师成长搭建了演讲比赛、律师检察官辩论赛等平台。在春回大地之际，我们又在这里举办遵义青年律师发展论坛，目的在于探讨在新时代青年律师如何发展，青年律师如何提高本领才能适应新时代发展的需求。在此，我代表协会对论坛的举办表示热烈的祝贺！

借此机会，提几点希望，与各位青年律师共勉。

一、始终坚定正确的政治方向

律师是政治制度的产物，中国律师是社会主义法治工作者，具有政治性，不是自由职业者，必须讲政治。律师是新社会阶层的重要组成部分，是在改革开放后恢复和发展起来的。历史告诉我们，国家稳定发展，律师的作用才能发挥，律师制度恢复近40年来，律师的作用越来越得到体现。我们生活在这片土地上，对中国国情要有清醒的认识。从69年前建立中华人民共和国，到40年前开启改革开放大幕，再到5年迈进新时代，是中国共产党对发展方向的准确判断，在时代的激流中开辟出属于自己的航道,走出了一条中国特色社会主义道路。中华民族实现了从站起来、富起来到强起来的伟大飞跃,迎来了实现伟大复兴的光明前景。

新时代的青年律师要始终坚定正确的政治方向,要旗帜鲜明讲政治,要把自身发展与祖国和人民的利益紧紧连在一起。在当前和今后一段时间,讲政治就是要认真学习十九大精神,用习近平新时代中国特色社会主义思想武装头脑,拥护中国共产党的领导,拥护社会主义法治,维护当事人合法权益,维护法律正确实施,维护社会公平和正义。

二、始终信仰法律至上的职业精神

律师是法律人,要明白捍卫法律的尊严就是维护自己的职业尊严。法律是调整社会关系的最后手段,当事人诉诸法律,是在穷尽了其他手段后的选择,一个案件往往关系到当事人的整个家庭。律师在解决社会争议的活动中,特别是在诉讼活动中,应当崇尚法律、信仰法律。信仰法律至上,是律师最高的职业精神,在执业活动中要做到:一是理论上精研法律,既要具备深厚的法理素养,又要认真研究案件材料,才能满足法律服务的需求;二是要坚持以法律为准绳,帮助当事人解决争议,切勿掺杂非法律因素,扰乱法律正义;三是要把法治宣传和教育作为一种责任,律师应当保持法律人格的独立性,不能在利益面前丧失法治精神,要以自己的言行传递法治精神;四是以法律为后盾,对司法工作人员不卑不亢,既要依法维护法律共同体共同的职业尊严,又要对司法人员不依法办事甚至徇私枉法的行为进行理性斗争。

三、始终树立服务为本的执业理念

律师职业的本质是法律服务,律师对自己的法律服务工作应当勤勉尽责、一丝不苟、精益求精。任何一个案件,对当事人来说,既要承受精神上的压力,又要付出相当大的精力和金钱,在一定意义上来说,他们是弱者,律师应当给予足够的理解、同情和支持,律师的服务意识要强,要时时想着为委托人提供超值服务。当事人是律师的衣食父母,律师在执业活动中要讲良心,要有敬业精神。父母也有错怪的时候，因此，律师服务要有载体，法律文书就是重要的载体，这既是对当事人负责，也是对自己负责。同时要意识到，法律服务是讲是非的，在是非面前应当以法律为准绳，对客户提出的不合法甚至违法的要求，不但不能做，而且还要规劝委托人改变错误观念。迁就委托人的不合法要求，最终是从根本上损害他们的利益，乃至从根本上损害社会正义。

四、始终坚守自强自重的执业情操

律师执业风险的根源是利益问题，青年律师应该自强自重。毋庸讳言，律师队伍存在良莠不齐的现象，比如一些律师在提供法律服务时，与相关人员非法勾兑，拉关系，办人情案，甚至贿赂相关人员，有的在签合同、收服务费时很积极，在服务过程中却懈怠，等等。由于这些做法的短期效益“可观”，对有的青年律师有诱惑力。青年律师本来就处于职业起步阶段，生活压力又大，很容易在不知不觉中受其影响。古话讲，年轻时看远，看远才能揽物于胸。青年律师对自己的职业要有长远规划，要树立自己的目标，在追求理想的路上要始终坚守，不能一叶障目不见泰山，有些违法违规行为虽然有可能带来一时之利，但其潜在的风险会摧毁你的职业生涯，决不可抱一丝一毫的侥幸。这些年来发生过很多律师因违法执业而身陷囹圄的案例，教训是极其深刻的，希望青年律师引以为戒。青年律师要树立正确的财富观，“君子爱财取之有道”。要知道，财富的积累与你的奋斗、知识、经验、技能是同步的，都有一个积累的过程，没有其他的捷径。

青年朋友们，习近平总书记说：“现在，青春是用来奋斗的；将来，青春是用来回忆的。”新时代的大门已经推开，更广阔的世界等待着你们去奋斗，更辉煌的未来等待着你们去书写。希望你们恪守“法律至上，服务为本”的执业宗旨，立定舍我其谁的担当精神，为法治中国的建设和中国梦的实现奉献你们的青春和热血。

乘风破浪　正步前行

按照农历，“四时五行”中有“春生、夏长、秋收、冬藏”之说，在这藏器以待、养精蓄锐的时节，我们迎来了第三届遵义青年律师发展论坛。天气虽有些寒冷，但满场青年才俊、后起之秀，使整个会场充满了青春的气息，洋溢着欢乐，滋生出温暖。长江后浪推前浪，因为有你们，遵义律师展现出时代的活力；因为有你们，遵义律师行业的未来必定更加美好！

遵义市律师协会历来关心青年律师，重视青年律师的发展，五届理事会换届以来，更是在青年律师发展上下足功夫。以开展演讲、辩论赛等各种活动展现青年律师风采；以制度建设等措施解决青年律师发展中的生活及业务瓶颈；以“请进来、走出去”等方式提升青年律师执业技能。2018 年我们举办了首届青年律师发展论坛，转眼间已经 3 年。青年律师发展论坛是我们遵义青年律师一年一度共话发展的盛会，也希望随着论坛的接续不断的举办，遵义青年律师发展论坛能成为遵义、贵州甚至全国青年律师的一个品牌，真正助推青年律师的发展。在此，我对遵义青年律师的发展谈几点想法，与大家共勉。

一、青年律师要有方向，要充分融入时代发展大局

2020 年 10 月 29 日，十九届五中全会胜利闭幕,全会是在我国决胜全面建成小康社会取得决定性成就,即将实现第一个百年奋斗目标,乘势而上向第二个百年奋斗目标进军,开启全面建设社会主义现代化国家新征程的关键时刻召开的重要会议。会议通过的《中共中央关于制定国民经济和社会发展第十四个五年规划和二〇三五年远景目标的建议》,为中国未来发展擘画了宏伟蓝图,指明了前进方向。到2035年“基本实现国家治理体系和治理能力现代化,人民平等参与,平等发展权利得到充分保障,基本建成法治国家,法治政府,法治社会”。这是一个美好的时代,国家治理现代化对青年律师来说是一个大好的契机,可以大有作为。在未来的日子中,社会法治化水平会越来越高,法律服务需求会越来越大,律师工作的舞台会越来越广阔,作为青年,是开启新征程的亲历者,也是社会发展的受益者,你们成长在这样的大环境当中,是幸运的。但你们还有一个身份,那就是法治中国的建设者。作为中国社会主义法治建设的重要力量,青年律师要把未来的职业规划融入全面建设社会主义现代化国家新征程中,要把握新时代发展方向,把握好成长发展、建功立业的历史机遇。

二、青年律师要有信念,要充分融入社会主义法治轨道

律师的成长都是有过程的,在执业的前几年,会有一些青年律师充满迷茫和不确定性。大家一定要珍惜青年时代这段时光,树立坚定的理想并为之坚持和努力,不让迷茫、徘徊等负面情绪阻断向前的路。大家知道,律师必须接受司法行政机关的监督指导,必须接受行业协会的管理和服务,接受国家、社会、当事人的监督。这是《律师法》的明文规定,也是由律师的身份所决定的,律师是中国特色社会主义法治队伍的重要力量,是法律职业共同体的一部分。青年律师作为青年群体的一分子,不要肤浅地认为律师工作只是依靠专业知识为社会、为当事人提供法律服务来赚取报酬,而要认真学习习近平法治思想,积极践行法律精神,在工作和生活中从自身对法律的崇敬出发,坚定法治信仰,传承法治精神,严格要求自己,规范自己的言行。按照律师管理相关规定,开展律师执业活动,不断提高专业素质和执业水平,加强客户认同,维护律师的个人及律师行业声誉,展现律师的良好形象。在富有挑战的执业过程中,要坚

定“四个自信”，坚决抵制司法领域西方错误思潮影响，不偏离社会主义法治轨道，培养担当作为的勇气和心怀天下的精神，把自己的理想与中华民族伟大复兴紧紧连在一起，自觉投身到国家治理现代化的行动中去。

三、青年律师要有发展，要充分融入遵义经济社会发展中

今天我们在这里举办论坛的主题是“发展”，青年律师的发展是基于自身的需要，但更是与国家发展、社会进步密不可分的。站在“两个一百年”奋斗目标的历史交汇点，青年律师必须走高质量发展之路，贯彻落实新发展理念，把新发展理念落实到执业过程的方方面面。首先，要有长远的战略性思维，要有全局式眼光。围绕国家十四五规划及2035年远景目标，落实以人民为中心的发展思想，满足人民群众对民主、法治、公平、正义、安全、环境等方面更高水平的需求。其次，要与国家十四五规划及2035年远景目标同步规划自己的未来。接下来的15年是实现社会主义现代化的关键期，也是青年朋友们人生发展的关键期，希望你们准确把握这个机会，以放眼未来的长远眼光，精准自己的专业定位，勤学苦练，不断提高执业技能，和时代同发展。最后，扎根遵义这片红色的沃土。市委、市政府明确提出坚持从历史方位、国家战略、贵州发展“三个维度”看遵义，全面融入成渝地区双城经济圈，努力当好全省发展“火车头”、形成重要“增长极”，到2035年遵义会议召开100周年时，遵义现代化水平领先西部、高于全国平均水平的战略目标。青年律师要将自己的发展融入遵义发展战略目标中，在美好遵义建设的征程中书写人生最美的青春乐章。

青年朋友们，青年时代是人生当中最美好的时光，是生如夏花般绚烂的时期。希望广大青年律师，能够珍惜青春、超越自我，不负韶华！

寄语新执业律师

非常欢迎各位加入律师队伍。你们的加入,为遵义律师行业注入了新鲜血液,增添了新的力量。在全国各地掀起学习十八届四中全会精神高潮之时,在首个国家宪法日就要到来之际,在遵义会议会址承载中国共产党转折命运的红楼前,我们举行2014年新执业律师宣誓仪式,意义显得尤为特别。

刚才各位进行了宣誓,这是对宪法和法律的宣誓。律师是法律人的重要组成部分,律师的职业就是运用法律为社会提供服务。只有法制的社会才能产生律师,专制的社会是不需要律师的。《律师法》规定,“律师执业必须遵守宪法和法律,恪守律师职业道德和执业纪律”。律师的执业是用法,所以自己必须要带头重法和守法,把守法、用法、公正执法作为我们的信仰,贯穿于整个职业生涯中。在我们执业的路上要始终信仰法律,追求公平正义,做到富贵不能淫,贫贱不能移,威武不能屈。随着中国依法治国进程的推进,律师的地位会不断提高。律师是一个神圣而受人尊重的职业,胡乔木同志用诗一样的语言写道:“你戴着荆棘的皇冠而来,你握着正义的宝剑而来。律师,神圣之门,又是地狱之门。但你视一切险阻诱惑为无物。你的格言:在法律面前人人平等,惟有客观事实才是最高的权威。”

这是向中国共产党的宣誓。站在这里,各位知道中国共产党和中国命运是从这里转折,近百年历史证明,是中国共产党领导中国人民革命和建设,是中国共产党领导中国人民走向富强,也将是中国共产党带领人民走向复兴。我们高兴地看到,十八届四中全会,明确了中国共产党在依法治国进程中的地位和责任,相信中国共产党会带领中国人民走出一条符合中国实际的法治之路。中国共产党的领导写进了《宪法》,十八届四中全会把拥护中国共产党的领导作为律师的基本要求,所以我们的宣誓就是向中国共产党的宣誓。

这是向祖国和人民的宣誓。我们生活在这片土地上,作为律师,我们要热爱我们的祖国和人民,一个人的职业只有与祖国和人民的事业连在一起,才能有所作为,中外大律师的成功案例都表明,律师只有与祖国和人民紧紧相连才能成就辉煌。作为律师战线的一名老兵,借此机会,给大家提几点希望:

一是要勇于担当,实现人生价值。围绕中心、服务大局,是律师业发展的必然要求,也是律师的职责所在。各位律师要把服务党委、政府的中心工作作为发挥职能、施展才华的重要舞台,积极作为,大显身手。遵义正处在高速发展期,各位要为遵义经济社会发展提供优质高效的法律服务和法律保障。要通过担任法律顾问、代理法律事务、开展法律援助以及非诉讼业务等方式,勇于担当,做好各项工作,发挥自己的作用,实现人生价值。

二是要修身立德,彰显律师形象。“坚持信念、精通法律、维护正义、恪守诚信”是律师必须遵守的行为规范。各位律师要自觉加强道德修养,严格自我要求,坚持以事实为依据,以法律为准绳,严格依法、诚信、规范执业。要恪守职业道德和执业纪律规范,维护律师职业声誉,增强社会责任感和职业荣誉感,充分展现新时期律师的良好形象和精神风貌。要大力弘扬社会主义法治精神,自觉践行社会主义法治理念,自觉成为社会主义核心价值观的实践者、推动者。

三是要勤学苦练,提高服务本领。律师行业是一个需要终身学习的行业,也是一个充满竞争的行业。当今世界科技发展日新月异,国际竞争日趋激烈,法律体系日趋细化和完善,法律事务更加复杂多样,这对律师的业务能力和水平提出了新的更高要求。各位律师只有刻苦学习、不断学习、终身学习,做到知识渊博、才华出众,才能在激烈的竞争中立于不败之地,才能更好地服务人民群众。各位要向书本学习、向实践学习、向身边的优秀律师学习,不断提升自我、丰富自我,谱写自己的人生新篇章。

海阔凭鱼跃,天高任鸟飞。十八届四中全会的召开,依法治国的全面推进,律师业发展的春天来了,各位生逢其时,相信各位在依法治国的伟大进程中会大显身手。

最后,衷心祝愿各位律师事业发展越来越好!

志存高远　敏而好学　脚踏实地

青春的季节花海飘香,青春的梦想激昂向上。

在五四青年节即将到来之际,我们在这里举办遵义市律师行业第五届“爱岗敬业、法治中国”演讲比赛,纪念五四运动 100 周年,会场内外青春的笑容扑面而来,青春的朝气蓬勃飞扬。在此,我谨代表市司法局、市律师协会,提前向全市青年律师致以节日的问候!

100 年前的五四运动,是一场伟大的爱国运动,是中华民族百折不挠、自强不息的生动写照。回望那一年,一群风华正茂的青年,发出振聋发聩的呐喊,永远回荡在当代中国昂扬奋进的历史征程中。五四运动犹如不灭的灯塔,“爱国、进步、民主、科学”的五四精神薪火相传、历久弥新,激励中华民族从独立自强走向伟大复兴。

站在 100 年后的新起点,该怎样继承“爱国、进步、民主、科学”的五四精神,需要我们每一位青年律师认真思考。律师的青春只有融入时代的洪流,才能闪现出奇异的光彩。希望广大青年律师站在新的起点,把自己的理想和法治中国的建设紧紧联系在一起,与中国律师业的发展紧紧联系在一起,在中华民族复兴的伟大实践中去实现自己的梦想。借此机会,提几点希望:

一是青年律师要有“志存高远”的追求,坚定理想信念。律师是法律职业共同体的重要组成部分,法律与政治紧紧相连,是上层建筑的一部分,有什么样的政治制度就有什么样的法律体系,有什么样的法律体系就会需要什么样的律师。青年律师要深入学习习近平新时代中国特色社会主义思想这一当代最鲜活的马克思主义,要把理想信念建立在对科学理论的理性认同上,始终坚定“四个自信”,自觉把个人理想与民族复兴共同理想、把个人价值与法治中国建设大业结合起来,在矢志奋斗中成就个人梦、共筑中国梦。

二是青年律师要有“敏而好学”的韧劲,练就过硬本领。星云大师说过,在等待的日子里,刻苦读书,谦卑做人,养得深根,日后才能枝叶茂盛。律师是一个需要终身学习的职业,青年律师要把学习作为首要任务,作为一种责任、一种精神追求、一种生活方式,求真理、悟道理、明事理。律师职业是一门经验科学,青年律师不但需要向书本学习,学习法理,学习法规,还要虚心向老律师学习,学习他们的办案技巧,学习他们的成功经验;青年律师还要不断参加学习论坛,借鉴外地律师的做法,可以少走弯路;青年律师还要积极参加协会组织的各种活动,活动本身就是一种学习,在活动中成长;青年律师还要积极参加社会实践活动,努力把学习成果转化为真才实学,不断提高适应时代发展要求的素质和能力,努力成为可堪重用的栋梁之材。

三是青年律师要有“脚踏实地”的作风,担当时代重任。今年是中国律师制度恢复重建40周年,在这片古老而年轻的土地上,律师从无到有,目前已有42万人之多,而遵义律师也已经超过1200人。青年律师的成长是艰难的,要么没有当事人找,要么接受的都是标的太小的案件,甚至生存也有困难,对青年律师来讲都是考验。作为一名执业26年的老律师,我要告诉大家的是,一定要耐得住寂寞。每一个人的成长都有一个过程,要办好老师交办的每一件事情,要认真负责地做好每一个小案,不断在办案中积累经验。青年律师要脚踏实地,要自觉抵制社会上的不良风气。做律师不能以追求金钱为目的,律师是中国特色社会主义法治工作者,要维护当事人的合法权益,要维护法律的正确实施,要维护社会的公平正义。要把每一个案件的办理当成磨炼自己的机遇,经受锻炼,不断成长。相信通过自己不断的努力,一定会成长为一名优秀的律师,在法治中国建设的路上建功立业,为实现中国梦奉献自己的智慧和力量。

承前启后　继往开来
努力开创遵义律师工作新局面

站在这里，心情还是很激动，也有很多感慨。从2003年我担任市律师协会副会长起，至今已经有15个年头。2003年全市只有22家律师事务所、149名律师，今天全市已有91家律师事务所、1095名律师。15年来，我在副会长、会长岗位上为全市律师服务，虽说有些付出，但也有很多收获，我与全市律师一起成长，人生因此更加丰富。在此，要感谢多年来组织对我的培养，也要感谢多年来广大律师对我的信任和支持！

4年前，我接过遵义市律师协会会长的接力棒，和五届理事会的同事们一起，为遵义律师业的发展不负重托、勇于担当、勤勉尽责，做了一些事情，得到上级领导和有关方面及大部分律师的认同。由于工作的需要，五届理事会成员，有的继续留任，有的已经卸任，在此请让我对五届理事会同事们的艰辛付出表示衷心的感谢！

4年来的实践证明，在我国律师两结合管理体制的大背景下，律师协会只有真心实意为大家谋事做事才可能挺在前面，只有真心实意为大家谋事做事才可能提高律师协会和律师的影响力，只有真心实意为大家谋事做事才可能得到广大律师的支持和拥护，只有真心实意为大家谋事做事才可能真正建设律师之家。

中国法治建设的路还长，中国律师业发展的路还长,遵义律师业发展的路也还长。遵义律师协会五届理事会的工作虽说取得了一点成绩,但我们要清醒地认识到,前路依然任重道远。今天,我们继续着这一未竟的征程,来架起这些理念与我们时代现实之间的桥梁。

律师协会是行业自治组织,我们的理事、常务理事及会长班子都是兼职,我们都是靠办案来获取报酬。理事是一个律师成长的平台,当选理事是组织的培养和律师的信任,作为遵义市律师协会第六届理事会的成员,在我们的工作中需要有取舍,我们必须清醒地知道,组织和广大律师不欢迎只挂名不做事的理事,我们要为遵义律师业的发展做出自己的奉献。为此,我们必须讲奉献!

律师协会是政治性极强的社会组织,按照《律师法》律师协会有管理和服务职能,理事不只是荣誉,同时还有一份责任。而这份责任就是在尽心尽力地干好本职工作的同时,在协会工作上有要有所作为。责任感是衡量一个人精神素质的重要指标。只有强化责任意识,才能时刻提醒自己,勤劳敬业,奋发进取,同时也才能更好地时刻提醒自己,自我反省,自我监督,脚踏实地地为遵义律师事业发展贡献自己的聪明才智。为此,我们必须讲责任!

中国律师百年沧桑,十八大以来,律师业发展迎来了大好时机,律师从未受到如此的重视,时代的要求,律师的期盼,对我们来说都是沉重的压力。我们要大胆探索,放手工作,在协会工作上大胆创新,力争遵义律师协会的工作迈上新台阶。同时我们要有正确态度,不能因为害怕问题出现了要承担责任,就不开展工作,就无所作为。人,生而在世,在国家大事、社会难事面前,是退避三舍,还是敢于担当,不仅反映了一个人境界的高下,也决定着一个人最终是否有所作为。对理事来讲,协会的工作就是大事、难事,我们不能退避三舍,而要敢于担当。为此,我们必须讲担当!

历史是继续前进的基础,也是开创未来的启示。五届理事会的工作为遵义律师的发展打下了坚实的基础,六届理事会要在此基础上继承和发扬。我们要做好以下工作:一是着力加强律师行业党建工作,确保律师队伍政治方向;二是着力加大律师维权力度,充分保障律师执业权利;三是着力强化专委会建设,完善专委会述职考评制度;四是着力创新律师业务培训方式,真正提高律师专业定位意识;五是着力解决协会办公场所问题,真正建设遵义律师之家。

在习近平新时代中国特色社会主义思想指引下,在市司法局党组和律师行业党委的坚强领导下,在市司法局和省律师协会的指导下,在新设立的监事会监督下,我相信,六届理事会一定会承前启后、继往开来、齐心协力、勇于开拓,遵义市律师协会的工作一定会百丈竿头更进一步,遵义律师在遵义经济社会发展和民主政治建设中一定会发挥更大的作用,遵义律师业发展一定会谱写新的篇章!

我们依然要奋勇前行

——在第六届遵义青年律师演讲比赛上的致辞

2020年的春天很特别，一场疫情改变了地球上生活的人们，改变了我们的生活方式，也改变了我们的学习方式。就在3月里，我还在想，已经举办了5届的青年律师演讲比赛还要不要进行。后来我想，疫情定会过去，胜利必将到来，中国法治建设的目标不会变，中国律师事业发展的目标不会变，青年兴则国家兴的道理不会变，遵义律师协会培养青年律师的初衷不会变。

就在我开始准备致辞的时候，《后浪》刷屏了。有人说该视频没逃脱老一代人给青年人灌鸡汤的老套路，有人说没有后浪，只有浪，一片热议声。我在每一次的致辞中，也都是试图给青年律师们成长的建议，今天的我却不知说些什么。新冠肺炎疫情给全世界范围内各行各业都带来了不可忽视的影响，对于律师行业的影响也不分律所规模大小，不分业务领域，给青年律师带来的不仅是收入的减少，对律师业发展的信心也会有不可估量的影响。于是我想到一句话，无论怎样，我们依然要奋勇前行，这也许是在这个属于青年的季节我最想说给青年律师的话。

法治中国的目标没有变，我们依然要奋勇前行。作为律师，我们都知道，法治，就是用法律的准绳去衡量、规范、引导社会生活。一个现代国家,必须是一个法治国家;国家要走向现代化,必须先要走向法治化。

翻开中华文明5000多年的厚重历史,既有强汉盛唐的雄风、大国盛世的荣耀,也有外敌铁蹄下的山河破碎、军阀割据中的民不聊生。近代以来,中国许多仁人志士在追寻法治的道路上进行了艰辛的探索。伴随改革开放,律师制度得以恢复重建,法治建设也逐步驶入快车道,法治对经济社会发展的保障和促进作用日益明显,律师已经成为经济社会发展中一支不可或缺的重要力量。

就在疫情最严重的时候,中央全面依法治国委员会第三次会议召开。会议强调,坚持全面依法治国,是中国特色社会主义国家制度和国家治理体系的显著优势。中国特色社会主义实践向前推进一步,法治建设就要跟进一步。作为青年律师,我们要坚信,疫情改变了我们的生活,但不会改变法治中国建设的目标。对法治中国的未来,我们依然要充满信心,法治中国的建设舞台,青年律师可以大有作为。

青年律师的使命没有变,我们依然要奋勇前行。律师是法律人,以法为业,以律为师。律师的职业特殊性决定了它不是一般职业,是关乎人与人、人与社会、人与国家关系的智慧,是当事人合法权益的维护者,是法律正确实施的维护者,是公平正义的维护者。

青年律师要肩负起追求法治、民主、公平、正义的使命,在实践法律理念的过程中实现自身的价值,积极投身于构建和谐社会的伟大实践中,以法律人的智慧为法治中国的建设作出应有的努力。

党的十九届四中全会对坚持和完善中国特色社会主义制度,推进国家治理体系和治理能力现代化作出战略部署,为中国律师事业发展指明了正确的方向。青年律师是中国律师事业发展的希望,是法治中国建设的未来,唯有奋勇前行,才能不负光阴不负韶华。

青年律师成长的路径没有变,我们依然要奋勇前行。疫情发生以来,律师的工作和学习方式有了很多变化。有的开庭由线下到了线上,有的学习由线下到了线上,有的会见由线下到了线上,等等。是的,这些都在改变。随着科技的进步,人工智能的普遍应用,有人说法律机器人将取代律师,这虽说有点夸张,但对青年律师来说真的是挑战。

律师实务是一门专业性、实践性都很强的工作，只有在实践中学习技能，在实践中消化理论，在成百上千的案件中锤炼，才可能成长、成功。青年律师要将自己的成长融入法治中国建设的大潮中去，从一点一滴做起，村居法律顾问、普法宣传、法律志愿者、法律援助案件办理，这些都是必修的功课。

疫情发生后，不少青年律师面临生存的压力，这对青年律师真的是严峻的考验，青年律师要有良好的心态。在调研中有位青年律师对我说，疫情发生后业务少了，但学习的时间增加了，会更加勤奋学习，相信几年后拼的是实力。她的话让我欣慰，困难是暂时的，青年律师需要的是不断积累，青年律师成长的路径从未改变，我们依然要奋勇前行。

青年律师朋友们，你们正处在人生的黄金时期，5 月的阳光正洒在你们青春的脸上。青春是洁白的，青春是炫丽的，但奋斗是青春最靓丽的底色。法治中国是几代人的梦想，相信在法治中国建设的征程上，你们一定会书写壮丽的诗篇。

路连云贵通京国
水学云玄赴蜀川

经过一天的论坛，大家都很辛苦，特别是铜仁市人大熊光奎副主任，一直在现场认真听各位嘉宾的分享。在大家的共同努力下，为期一天的第三届京云贵川律师实务论坛就要闭幕了，受白敏会长的安排，由我对会议进行总结，下面我用三个“一”来总结本次研讨会。

一次圆满接续的论坛

2017 年秋天，在美丽的雁栖湖畔，高子程会长和北京市律师协会将云南省律师协会万立会长，贵州省律师协会包洪臣会长、四川省律师协会刘守民会长邀请到北京律师学院，签署了四方合作协议，由此诞生了京云贵川律师实务论坛。这是子程会长和北京市律师协会作为一个大的律师协会对西部律师的关爱，是子程会长和北京市律师协会律师事业情怀的体现，我很有幸，见证了历史性的时刻。子程会长多才多艺，我想，他一定读过明朝贵州监察御史汪津的《赤水卫》：

叠叠山从云外悬，城依山脚聚人烟。
路连云贵通京国，水学云玄赴蜀川。
戍久儿童能走马，春深旅客怕闻鹃。
星轺此地经过日，正值秋风九月天。

诗中把我们京云贵川连在了一起。在这深秋的 10 月，我们京云贵川的律师又相聚在有 2000 多年历史的梵净山下。四地律师同行在这里共谋发展、共叙友谊。此次会议有130多人参加，既有司法行政机关的领导，又有四地的律师；既有功成名就的律界大咖，又有一大批优秀的青年才俊，真可谓群贤毕至、精英荟萃。开幕式上五个领导的致辞，为我们京云贵川研讨会指明了方向，寄予了希望。一个主论坛，两个分论坛，十五位嘉宾，从不同的角度给我们分享了大数据与信息化背景下律师的法律服务问题。

会议时间虽短，但是大家在有限的时间里概述了自己的主要观点，分享了自己的学术探讨，故旧新知，欢聚一堂，交流信息，畅叙友谊。从会议的效果来看，去年我们从云南接过来，一会儿我们将交给四川，我认为本次论坛达到了预期的目的，是一次圆满接续的论坛。

一次拥抱未来的论坛

这次论坛的主题是“大数据与信息化的法律服务”。大家知道，由于贵州独特的纬度、独特的气候、独特的电力资源、独特的地理环境等因素，成为了中国大数据库的中心。贵州省委、省政府高度重视大数据产业的发展，中国国际大数据产业博览会，也就是我们说的数博会举办地就是在贵阳。在2019年5月26日召开的中国国际大数据产业博览会上，习近平总书记发来了贺信，他在贺信中说：“当前，以互联网、大数据、人工智能为代表的新一代信息技术蓬勃发展，对各国经济发展、社会进步、人民生活带来重大而深远的影响。各国需要加强合作，深化交流，共同把握好数字化、网络化、智能化发展机遇，处理好大数据发展在法律、安全、政府治理等方面挑战。”

各国之间尚且如此，那么我们律师协会之间呢？

在今年的数博会上，由中华全国律师协会信息网络与高新技术专业委员会和贵州省律师协会主办的“人工智能产业与数据跨境业务法律监管国际论坛”第一次走进了数博会。我们这次论坛确定这个主题，可以说是数博会分论坛的延续、深化、细化。上午丁丽萍研究员从“高科技案件的法庭质证”这一视角和大家分享了她的研究成果，鞠晓东律师对“互联网＋律师业务信息化发展”进行了探究，刘云飞律师给我们介绍了贵州大数据和信息化律师服务团、大数据和信息化专业委员会近年来所做的工作，史君艳律师从“法律服务领域的人工智能应用”进行了分析，康军博士则为“大数据环境下的犯罪问题”提出了刑法的对策。

无论你喜欢还是不喜欢，人工智能时代已经来临。特别是对我这样执业20多年的律师，真的有点不喜欢，但是毕竟已经来了，而且对整个社会的各个行业当然也包括对我们律师业务带来了严峻的挑战。非常巧合的是，本周一我参加了司法部在重庆进行的“大牛智慧公共法律服务系统”调研，一下午的活动，我真的感触很深，震撼很大。在重庆百事得律师事务所，工作人员演示了2个案例，“大牛”当场出具了2份法律意见书，我可以不夸张地讲，比我们一些不爱学习、不求上进的律师写得好。本次论坛以大数据与信息化法律服务为主题，我认为对中国律师业来讲正当其时。正如袁菲菲律师在《区块链在法律服务中的应用》论文中说的，律师“要勇敢拿起新事物作为提升法律服务业务的武器”。我非常欣赏这句话，因此，我认为本次论坛是我们四地律师共同拥抱未来的一个论坛。

一次绿色生态的论坛

大家知道，绿色是生命的颜色，是大自然的颜色，是最有生命力的颜色。绿色与律师有着紧密的联系，不是仅仅都有一个“绿（律）”字，而是茂密的森林总是给人一种生命感。研究表明，喜欢绿色的人，大多数都比较沉稳。

说生命感，从十八大以来，党中央从法治建设这个高度作出了决议，全国律师工作会议的召开，律师走进中央政法工作会，律师党建工作的加强，全国律师论坛的恢复，等等，这些都意味着律师事业正向绿色健康发展。

本次论坛定在江口这个地方，意味深长。大家可能不知道，2018年贵州省森林覆盖率已经达到了57%，3年来提高了近10个百分点，而铜仁市已经超过了63.4%，我们所在的江口县，更是高达75.84%。在如此绿色的地方举办律师的论坛，是生态、文明、健康、永远的一种表现。在今天下午举行的生态文明与环境保护法律服务分论坛上，5位嘉宾的分享，关注的是对于生态文明与环境保护，我们律师能做些什么。作为律师,我们更应保护我们的家园,更应改善人与自然的关系,促进人与自然的和谐发展。而政府依行政法律服务分论坛5位嘉宾的分享,从面上看好像在讲政府如何依法行政,律师如何服务依法行政,但是我认为归根结底,还是讲在依法行政的前提下,怎样来保护我们赖以生存的地球,建设我们的美好家园。从10位律师的演讲中,我看到的是他们对律师事业的情怀,他们对祖国的情怀,他们对人民的情怀。

大家知道,在当下,人们的内心无不在追求一种返璞归真,无不向往内心的安全、平静。我们四地律师相聚在此,在梵天净土,我们的心灵已经得到了净化。因此,我说本次论坛是一次绿色生态的论坛。

相会时短,后会有期。

此次论坛就要结束了,感谢大家的支持。特别是要感谢铜仁市司法局、铜仁市律师协会同志、同行们的辛勤付出,期待明年我们在富饶美丽的四川再见!

学习《民法典》 适应新时代

今天是一个特别的日子，是一代伟人毛泽东同志诞辰127周年；今天距我国首部《民法典》实施还有5天；今天，我们在这里举办《民法典》视野下的律师实务论坛，邀请来自北京东卫律师事务所高级合伙人胡家润，贵州天筑律师事务所合伙人石瑾，四川税邦律师事务所首席合伙人李青松，北京天同律师事务所高级合伙人陈鹏飞四位嘉宾共同探讨《民法典》视野下的律师实务，这是律师对《民法典》即将实施的一次庆祝活动，也是一场律师同行之间的交流聚会。

《民法典》的颁布是新中国几代法律人的夙愿，是我国社会主义法治建设的重大成果，也是新时代中国律师在社会治理体系建设中充分发挥作用的很好机遇。《民法典》进一步完善了我国民商事领域的基本法律制度和行为规则，更加有利于维护交易安全和市场秩序，更加有利于促进公平正当竞争，更加有利于优化营商环境，更加有利于推动经济高质量发展。作为律师，如何跟上《民法典》时代，如何抓住机遇提高自身本领，满足人民群众新期待，是迫在眉睫的问题。在此，我提出以下3点想法与诸君共勉。

一、《民法典》是国家治理的基本遵循和依靠，律师要站在担当历史使命的高度来认识

我们知道，在依法治国大背景下，国家治理的各种行为都必须依法进行。民法所规范的各种社会关系涉及国家的经济基础和人民群众的日常生活,在国计民生之中具有全局性和贯穿性。正是因为这样,民事立法一直是我们国家法制建设的基础性工程,《民法典》编纂一直受到全社会的高度关注。习近平总书记和党中央非常重视《民法典》的编纂工作,专门把《民法典》的编纂工作写进十八届四中全会的报告,使《民法典》的编纂得以有序进行,在 2020 年 5 月 28 日第十三届全国人民代表大会第三次会议上通过。《民法典》马上就要实施,它必将在我国政治、经济、法律和各种生活中发挥核心性、基础性的作用。《民法典》实施后,我国国家治理、经济发展和人民权利保障的能力和水平必将获得本质的提升。

同时我们要看到,《民法典》并不仅仅只是权利的宣言,它更是国家治理的基本遵循和依靠。它所建立的各种法律规范和制度,都要实实在在地作用于社会的现实领域,都要贯彻落实到我们每一个自然人、每一个团体的身上,都要落实到我们从事民事活动的时时刻刻。律师是中国特色社会主义法治工作者,是法治中国建设的一支重要力量,是社会治理的重要参与者,我们一定要从国家治理的实际效用角度来理解《民法典》的编纂和实施,尤其是要从当前我国国家治理能力现代化的角度来理解这部伟大法典的重要意义。

当前和今后相当长的一段时期,我们要把《民法典》的学习和习近平法治思想的学习结合起来,既要做《民法典》行为规范的践行者,更要在我们的实务工作中做《民法典》的传播者。在一次次咨询、一场场宣讲、一个个案件中宣传推广《民法典》,为《民法典》的普及和社会治理贡献律师的力量。

二、《民法典》是对我国治理体系完善和治理能力的重要提升,律师要读懂读通读透

《民法典》系统整合了新中国成立 70 多年来长期实践形成的民事法律规范,汲取了中华民族 5000 多年优秀法律文化,借鉴了人类法治文明建设有益成果。《民法典》的实施对于我国治理体系完善和治理能力的重要提升具有极大的作用。具体表现在,一是《民法典》解决了我国民事立法长期以来一直存在的立法散乱而且隐含重

大矛盾和缺陷的问题。二是《民法典》很多条文体现当事人意思自治原则,更加符合民法社会的运行规律,更加符合民法贯彻实施的自身特点。在法治社会里,民法社会运行的基本规律是民事主体享有充分的自主权,其行为自理、责任自负。社会治理包括德治、自治、法治,在社会治理中,《民法典》充分尊重当事人意思自治,有利于和谐社会的构建。三是在保障民生方面民法典担负起了基本法职责,《民法典》的内容跟老百姓的利益密切相关。《民法典》从民生基本法的角度解决了幼有所育、老有所养、头顶安全等一系列大问题,在保障民生方面担负起了基本法的职责。

律师要读懂《民法典》,要了解《民法典》出台前我国民事立法70年的过程,要知道新中国《民法典》的前世今因;律师要读通《民法典》,要了解《民法典》是怎么回答了中国之问、时代之问,是如何贡献了中国智慧、中国方案,是怎样对潘德克顿体系的扬弃;律师要读透《民法典》,要认真研读条文,要理解总分结构,要清楚逻辑条理,要精准理解熟练把握《民法典》的具体条文并运用到实务中去。

三、《民法典》的实施开启了一个新的时代,律师要常学常新,民事业务专业委员会要担起责任

习近平总书记指出:"民法典在中国特色社会主义法律体系中具有重要地位,是一部固根本、稳预期、利长远的基础性法律,对推进全面依法治国、加快建设社会主义法治国家,对发展社会主义市场经济、巩固社会主义基本经济制度,对坚持以人民为中心的发展思想、依法维护人民权益、推动我国人权事业发展,对推进国家治理体系和治理能力现代化,都具有重大意义。"

党的十九大和十九届五中全会擘画了第二个百年奋斗目标和到2035年基本实现社会主义现代化的宏伟蓝图。省委十二届八次全会提出"把遵义都市圈建成全省的核心增长极""支持遵义做大做强,力争与贵阳齐头并进,唱好'双城记'",刚刚闭幕的遵义市委五届十次全会明确提出要大力推进以遵义都市圈建设为牵引的新型城镇化,到2035年遵义会议召开100周年时,实现现代化水平在西部领先、高于全国平均水平的目标,积极策应国家战略新布局,顺应城市发展新规律,适应经济发展新常态,呼应遵义使命新担当。

从历史方位、国家战略、贵州发展3个维度看,遵义已经迎来新的机遇。对遵义律师来讲,在遵义大发展的背景下,遵义律师业必将与遵义经济社会同步发展,这要求遵义律师必须练好自身本领,勇于担当历史新使命。律师除了要认真学习《民法典》,《民法典》的实施必然会带来过去许多司法解释的新变化,律师还有很多的东西要学习要消化。除了律师自己要坚持不断学习、常学常新外,民事业务专业委员会,要充分认识到肩上的责任,要组织多种多样的活动,通过各种形式宣传《民法典》,通过各种活动提升律师在《民法典》方面的知识和技能。今天的实务论坛,有260多名律师自愿报名,还有许多没报上名的律师也来了,事实证明这样的活动是深受律师欢迎的,开了一个好头。今后要多举办这样的活动,让律师通过民事业务专业委员会的活动,真正开拓视野、增长知识、提升技能。

2020年是极不平凡的一年,7月24日贵州律师突破1万人,遵义律师近1600名。我们不忘初心、奋勇前行,取得了较好的成绩。在新年即将到来之际,祝全市律师身体健康、工作顺利、生活美满。

风雨兼程40载
迎风远航再出发

在世界律师大会刚刚落幕之际,今天我们在这里举办主题为"不忘初心　砥砺奋进"大型文艺汇演活动,这是对中国律师制度恢复重建40周年的最好纪念,是遵义律师贯彻落实十九届四中全会精神的具体举措。

回望来路,40年,遵义律师恢复重建,蓬勃发展;40年,遵义律师本色不变,初心不改;40年,遵义律师峥嵘岁月,砥砺奋进。

40年,遵义律师行业坚持把党的领导作为发展的根本遵循。我们在全省率先成立了行业党委,召开遵义市律师行业党建工作现场会。通过修改《遵义市律师协会章程》,增加并完善了党的领导、党建工作、党员纪律等内容,进一步坚持了正确的政治方向,确定了鲜明的价值导向,党组织的战斗堡垒作用和党员的先锋模范作用在律师行业得到了充分发挥。

40年,遵义律师坚持围绕中心、服务大局。我们紧紧围绕市委、市政府中心工作,切实开展"百千万"工程的法律服务工作,大力推进律师服务工业园区和重点工程项目建设活动,有针对性地深入重点工程建设单位管理环节,帮助项目业主解决生产经营中遇到的法律问题,帮助企业防范风险,扎实有效地为重点工程项目建设提供法律服务。

40年,遵义律师坚持履行社会责任。我们积极参政议政，参与脱贫攻坚、参与涉法诉信访工作、参与涉黑涉恶案件辩护代理工作，开展法律援助，助力构建公共法律服务体系建设。《遵义律师社会责任报告》走进中华全国律师协会的新闻发布会，充分展示了遵义律师的风采。

40 年，遵义律协坚持建设律师之家。我们加强律师文化建设，构筑律师精神家园；我们成功举办年度律师培训，为律师提供"法治大餐"；我们举办检察官律师辩论赛、法官律师论坛，加强法律职业共同体建设；我们举办青年律师演讲比赛、青年律师发展论坛，注重对青年律师的培养；我们举办迎春茶话会、看望困难律师、体育周活动等系列活动，让律师参与家园建设。这些活动的开展，增强了全市律师的归属感和认同感，激发了广大律师的从业热情。

这些成绩的取得真的来之不易。在 2019 年 12 月 20 日上午举行的遵义市纪念律师制度恢复重建 40 周年大会上，市委、市政府领导对此给予了充分的肯定。在此我代表遵义市律师协会对长期以来关心、支持、帮助遵义律师业发展的各级领导、社会各界人士、各位朋友、律师家属，对辛勤付出的广大律师，表示衷心的感谢！

风雨兼程 40 载，迎风远航再出发！

法治是人类政治文明的重要成果，是全世界的普遍共识，法治也是一种全球理想，而律师是推动并实现这一理想的重要力量。十九届四中全会展示了"中国之治"的美好前景，也对律师工作提出新的更高要求。只有干出来的精彩，没有等出来的辉煌。

律师工作应该怎样适应和服务经济发展新常态？律师该怎样坚持以人民为中心的发展思想，不断提升服务质量？该怎样不断改革创新，努力探索律师发展规律？这些问题都需要我们用实际行动来回答。

新时代赋予新使命，新时代唤醒新作为。让我们不忘初心，不负时代重托，为实现伟大中国梦而继续奋斗！

（本文原载《中国律师网》）

学习思考

尊重，构建法律职业共同体的关键

——学习邹碧华精神有感

非常高兴能参加今天的论坛活动，与上海市第一中院、遵义市中院及来自邹碧华法官工作过的法院的领导、法官一起学习邹碧华精神。

尽管邹碧华法官的事迹大家都耳熟能详，但作为一名执业律师，在这里，我还是要说几句。他在任上海市长宁区法院院长时出台《长宁区人民法院法官尊重律师的十条意见》；他最后一次公开演讲是在11月22日全国律协民事专业委员会2014年会上，主题是法官和律师良性关系构建；他的最后一条微信，是2014年12月9日转发上海法院律师服务平台上线的新闻并评论“希望让律师的执业环境越来越好”。这样的法官、院长，律师能忘记吗？

在学习邹碧华精神的背景下来谈法律职业共同体的构建，我认为尊重是关键。

一、法官和律师分工不同，为了公平正义使命相同

法律职业分工不同，决定了法官与律师的社会角色不同、工作性质不同、工作方式不同、收入待遇不同等。但法官有法官的天职，律师有律师的追求，选择了职业就应该对职业忠诚，为了社会的公平正义，法官和律师的使命相同。邹碧华作为新时代的法官，在工作期间并不是没有过其他的诱惑，

但他选择了做法官,他能抵制诱惑,这就是他的难能可贵之处。据他的师兄李庆回忆,邹碧华在北大读博期间,曾到他所在的律所有过为期不短的实习。当时邹碧华就婉拒了当律师的邀请。当时李庆的感受是,“他还是很执着。我能感觉到,他是找到自己的天职了,来律所只是为了学习从律师的角度思考这个司法体制。他是真的热爱法官这个职业”。

二、彼此尊重,是法律职业共同体的基本要求

法官和律师的彼此尊重是做人的基本要求。尊重指敬重,重视。尊重他人是一种高尚的美德,是个人内在修养的外在表现。尊重,是人的一生修养以及自我内涵的表现,也是人所必须具有的品质。简单地说,尊重就是一种品德。它反映的是一个人的文化素养、道德修养。同时也反映了一个民族的文化底蕴。无论是在学习、工作还是生活中,我们都应该自觉践行尊重,因为每一个人都希望得到他人的尊重,尊重是人与人交往中最基本的原则。

法官和律师的彼此尊重是职业的基本要求。二者都是法治的产物,都是法律共同体的重要组成部分。在邹碧华看来,律师制度是依法治国的重要组成部分,司法公正不能只靠法官,律师是审判的重要参与方,这是客观的司法规律。为什么邹碧华会受到全国律师的追捧,因为他对律师尊重。《长宁区人民法院法官尊重律师的十条意见》,条条是干货,没有一句套话,第 1 条就开宗明义,“法官在审判活动中应当遵循尊重、理解、友善的原则,合法、合理、合情地处理好与律师的关系”。这些意见,不是对某位律师的关注,而是对律师职业的尊重,对律师行业的呵护,对律师制度的敬畏。

法官和律师的彼此尊重是法治中国的基本要求。十八届四中全会的召开迎来了法治的新时代,这是法官和律师共同的幸事。全面推进依法治国,法官和律师的责任重大,使命光荣,法官和律师都应为法治中国的建设贡献力量。法治中国建设要求必须建立法律职业共同体,要求法官和律师的关系应建立在相互信任的基础之上。著名的律师艾伦·德肖维茨曾说过,社会信任是社会的“道德资本”,这种资本是一代又一代法律人集聚起来的。法治中国建设要求法官和律师要为“道德资本”的建设作出贡献,只有这样,法官

和律师才无愧于这个伟大的时代。正如邹碧华在最后一次公开演讲中所说,律师对法官的尊重程度,表明一个国家法治的发达程度;而法官对律师的尊重程度,则表明这个社会的公正程度。

三、法律职业共同体的构建已经在路上

当邹碧华成为一座为整个法律职业共同体仰望的高峰时,他在无数人心中种下的法治想象,让我们无法仅仅满足于“虽不能至,心向往之”。我很欣慰地看到,在邹碧华离开我们不到半年的时间,很多事情发生了变化。2015 年 4 月,上海市第一中级人民法院推出《关于依法保障律师执业权利的规定(试行)》。就在上周五,深圳市中级人民法院召开新闻发布会,发布《关于保障律师依法执业的若干规定》,推进司法公正及深圳一流法治城市建设。在我们遵义,2015 年 4 月 17 日我主持了遵义中院和遵义市律师协会第二届法官律师对话论坛,4 月 15 日我带部分律师参加了桐梓县法院举办的法官律师座谈会,习水法院陈旭院长给我来电话要举办类似座谈会。我深深地感受到律师被法院、法官重视程度大大提高,律师在法官眼中的重要性在慢慢改变,这是十八届四中全会法治春风的吹拂,这是邹碧华精神的感召。我深深地相信,在中国,法律职业共同体建成的日子离我们并不遥远。

让我们永远记住这个名字,邹碧华,中国律师永远的朋友!

(本文为 2015 年在上海市第一中院与遵义市中院联合举办的邹碧华精神研讨会上的发言)

加强沟通　阳光交流
建立律师法官良性互动关系

一个不得不思考的问题

近年来，原重庆市法官进修学院院长、重庆市高级人民法院执行局局长乌小青案，原湖北省高院刑三庭庭长张军案等，都把法官与律师紧紧联系在一起。有人说律师带坏了法官，也有人说法官逼迫律师，众说纷纭。在互联网已成为当今信息传递重要平台的时代，律师与法官的关系从未像今天这样成为人们关注的对象。如何处理好律师与法官的关系已成为司法行政机关、律师协会与人民法院、法官协会不得不思考的问题。

其实，早在2004年，最高人民法院与司法部就联合下发了《关于规范法官和律师相互关系维护司法公正的若干规定》。2010年12月1日，最高人民法院办公厅和中国法官协会联发《关于加强最高人民法院与中华全国律师协会工作沟通联络的意见》，提出建立联席会议制度、联络员制度、职业培训互助机制、信息交换机制，加强业务交流和信息沟通，邀请律师参加法院调研活动等。职业间的相互联系、相互沟通，有利于提高司法服务质量和效率，只要达成共识，其提升空间还很大，提升方式也很多。在2014年年初遵义市四届人大四次会上，遵义律协副会长张洪平提交了《关于建立法官与律师之间良性互动关系的建议》的提案；2014年4月9

日上午，刘力院长主持的遵义中院群众路线教育活动征求人大代表、政协委员意见座谈会上，我也提出律师协会与法官协会的互动问题。从2014年5月30日下午律师法官对话论坛的举办，可以看出，在如何建立法官与律师之间良性互动关系上，遵义已经迈出了坚实的步伐。

两个不得不联系的法律人

我们都说，法官、检察官、律师同为法律人，但在法律人之中，法官和律师联系又是最为密切的，是两个不得不联系的法律人。就分工来说，法官和律师扮演着两种不同的角色，但从办理案件看，两个职业不得不联系。法官的职责进行裁判定夺案件，维护法律的尊严，捍卫国家的政权，保持当事人在法律面前人人平等，实际上代表的是公权；而律师的职责是协助法院查明案件事实，依法行使自己的权利，维护当事人的合法权益，实际上代表的是私权。两者的身份地位权利义务是不相同的，在维护社会主义法制事业的进程中发挥着各自的效用。由此一来，正确处理法官与律师之间的关系就显得尤为重要了，它关系到司法审判的权威性，以及在老百姓心目中的司法公信力和案件的公平公正。

三个方面处理好关系

法官与律师是维系司法公正和保障当事人合法权利的重要角色，两者的关系不是隔绝、紧张、对立、防范，而是互相协作、相互交流。法官和律师虽在法律活动中扮演不同角色，但同为法律人，应在各自实践中同守一条底线，共担一份责任，实现良性互动。为此，应在相互信任、加强沟通、互相监督等方面作出细致努力。英国著名思想家培根说过：法官与律师的关系不可太密，否则就难免有不公正的嫌疑。但两者的关系不是隔阂，而是理解；不是紧张，而是交涉；不是对抗，而是包容；不是防范，而是交流。法官和律师虽在法律活动中扮演不同角色，但最终目的是一致的。如何处理好律师与法官关系，实现良性互动，起码有三个方面要考虑。

1. 基础是诚信友善、相互理解。法官和律师不是天生的亲家，也不是天然的冤家，而是同为法律人的本家。无须讳言，在当下，有的法官听不进律师意见,更有的对当事人说你请的律师如何如何;而有的律师在拿到败诉判决后不是去认真分析原因,而是将官司输了的原因归结为法官与对方当事人关系如何,与法院领导关系如何。管子曰:“诚信者,天下之结也。”意思是说,诚实和信用是联结天下所有人的纽带。律师与法官要诚信友善、相互包容、相互理解,而不要相互贬损、相互诋毁。最高人民法院院长周强提出,“要紧紧依靠学术界和律师界携手建设司法,因为如果建设司法不靠学术界和律师界的贡献,律师和法院对立,法律根本不可能健全”。时任最高人民法院常务副院长沈德咏在《我们应当如何防范冤假错案》一文中也指出,“从防范冤假错案角度而言,推而广之,从确保所有刑事案件审判的公正性、合理性、裁判可接受性而言,辩护律师都是法庭最可信赖和应当依靠的力量”。

2. 渠道是加强沟通。我在协会工作了三届,十多年里,在律师协会与法官协会加强沟通上,客观地讲,做得不够。我们要借助法官协会与律师协会,积极搭建平台,开展多层次、全方位的交流与合作,实现阳光交流。比如相互协助开展法官、律师评议活动,开发利用法学教育资源,互派专家开展培训、研讨活动,探讨研究共同关心的法律理论与司法实践,提高法官和律师的业务能力,以此不断增进法官和律师之间的沟通交流,实现工作互联、资源共享、载体互融。

3. 保证是互相监督。最高人民法院、司法部联发的《关于规范法官和律师相互关系维护司法公正的若干规定》明确规定,律师对于法官有违反本规定行为的,可以自行或者通过司法行政部门、律师协会向有关人民法院反映情况,或者署名举报,提出追究违纪法官党纪、政纪或者法律责任的意见。反之,法官同样可以将发现律师的问题反映到司法行政部门、律师协会。如律师发现个别法官违法违纪的情况律师要向协会反映,协会要及时与法院纪检监察沟通;同样,法官发现个别律师违法违纪要及时向律师协会通报。这样做,不是与谁过不去,同为作为法律人,我们要维护这个制度,我们要维护法律实施的大环境。

四点建议

随着社会经济的飞速发展,科学水平的不断提高,在互联网时代,法官与律师的一言一行都可能成为被炒作的对象。特别是法官的言行举止,代表了法院的形象。法官与律师之间的合作应是公开、透明的,要经得起群众的考验。司法公信力需要我们法官与律师共同维护,要摆正各自在工作中的位置,共同维护法律的实施,共同维护法律的尊严,维护公平与正义,我们双方要加强沟通,建立阳光交流平台。为此,提四点建议:

1. 定期举办律师法官对话论坛。今天是一个好的开始,希望这样的活动能形成机制,定期轮流举办。

2. 加强学术方面的交流、探讨。包括培训资源的共享、《遵义审判》与《遵义律师》刊物的互送、不同类型学术活动的参与交流。

3. 十八届三中全会吹响了全面深化改革的号角,在这样的大背景下,要着力推动体制创新,实现法官律师互动,改变法官转行到律师的单一流动,选拔优秀律师到法官队伍。

4. 定期开展联谊活动。

律师事务所发展要正确认识三个关系

——在遵义市第二届律所主任能力提升班上的总结

从第五届理事会开始,我们一直致力于遵义律师事务所规模化、专业化的发展,但客观地讲,收效甚微。2017 年第一届培训班请了北京的丁涛主任、贵阳的朱山主任,2018 年又请了重庆的宋卫东主任、湖北的周成主任、四川的成安主任,目的就是要在律师事务所的发展上,改变遵义律师事务所主任和合伙人的思维,打破遵义律师事务所的现状,发展壮大遵义律师业。去年培训总结时我说,遵义律所的表现可谓“新所不断,强所不见;大所难大,小所越小;数量不少,质量待考”,这些年没有事务所之间合并,只有从事务所中分离;而部分律师也存在“小富即安,夜郎自大;没有创新,停滞不前”的种种问题。客观地讲这些现象并没有多少改变,遵义人很聪明,遵义律师很聪明,很多律师都想办所,多少年来律师事务所没有整合,律师事务所不断地在分出来,而且分化还在继续。遵义现有 92 家律师事务所,其中个人所 39 家,国资所 11 家,普通合伙所 43 家。如何发展遵义律师业?如何培育几家品牌所?如何打造 1 ~ 2 家规模所?如何整体提升律师事务所的管理水平?市司法局、律师协会非常关心,也很着急。这次培训会,邀请的三位老师讲得都很好,对大家的触动很大,很有收获;参观贵遵、名城(桐梓)两家律师事务所,这是我们本土的事务所,短短几年时间能发展这么快这么好,对我们县域所甚至于城区所,相信都有启发;各组讨论很热烈,纷纷提出了一些建议意见。刚才六位主任作了交流发言,鉴于时间关系,我不再作点评。下面我就近年来我对律师事务所的生存和发展谈几点看法。

思想是行动的先导。要走出遵义律师事务所发展的困境,要破遵义律师事务所发展的局,探讨律师事务所的生存和发展,必须要正确认识几个关系:一是律师事务所主任(合伙人)与律师事务所的关系,二是律师事务所合伙人之间的关系,三是“谋生”与“谋道”的关系。

一、律师事务所主任(合伙人)与律师事务所的关系

可能有的人会说,这个问题还需要说吗?从遵义律师事务所的现状来看,无论是个人所、国资所,还是合伙所,我个人认为很有必要说。在遵义,将个人资质借给他人办所收取费用者有之,名为合伙实为个人说了算者有之,名为个人实为几个人分摊费用者有之,主任不管事务所的事者有之。这些现象的存在都说明,律师事务所主任(合伙人)不清楚与律师事务所的关系。有必要再学习《律师事务所管理办法》的几个条款。

第 3 条规定,“律师事务所应当把拥护中国共产党领导、拥护社会主义法治作为从业的基本要求。律师事务所应当依法开展业务活动,加强内部管理和对律师执业行为的监督,依法承担相应的法律责任”。

第 40 条规定,“律师事务所应当建立健全执业管理和其他各项内部管理制度,规范本所律师执业行为,履行监管职责,对本所律师遵守法律、法规、规章及行业规范,遵守职业道德和执业纪律的情况进行监督,发现问题及时予以纠正”。

第 42 条规定,“律师事务所应当监督本所律师和辅助人员履行下列义务:(一)遵守宪法和法律,遵守职业道德和执业纪律;(二)依法、诚信、规范执业;(三)接受本所监督管理,遵守本所章程和规章制度,维护本所的形象和声誉;(四)法律、法规、规章及行业

规范规定的其他义务”。

第43条规定,“律师事务所应当建立违规律师辞退和除名制度,对违法违规执业、违反本所章程及管理制度或者年度考核不称职的律师,可以将其辞退或者经合伙人会议通过将其除名,有关处理结果报所在地县级司法行政机关和律师协会备案”。

第53条规定,“律师违法执业或者因过错给当事人造成损失的,由其所在的律师事务所承担赔偿责任。律师事务所赔偿后,可以向有故意或者重大过失行为的律师追偿。普通合伙律师事务所的合伙人对律师事务所的债务承担无限连带责任。特殊的普通合伙律师事务所一个合伙人或者数个合伙人在执业活动中因故意或者重大过失造成律师事务所债务的,应当承担无限责任或者无限连带责任,其他合伙人以其在律师事务所中的财产份额为限承担责任;合伙人在执业活动中非因故意或者重大过失造成的律师事务所债务,由全体合伙人承担无限连带责任。个人律师事务所的设立人对律师事务所的债务承担无限责任。国家出资设立的律师事务所以其全部资产对其债务承担责任”。

第54条规定,“律师事务所的负责人负责对律师事务所的业务活动和内部事务进行管理,对外代表律师事务所,依法承担对律师事务所违法行为的管理责任”。

从上述规定可见,律师事务所主任、合伙人不是只有权力,更多的是一种责任,律师事务所律师违法执业或者因过错给当事人造成损失的,律师事务所主任和合伙人是要承担责任的。我们有的主任看到的是名号,是当事人、法官眼里的称谓,却没有看到背后的责任,没有看到律师事务所管理不到位可能出现的风险。有的主任对司法行政机关、律师协会开会的事项不感兴趣,要么请假,要么让内勤代会,对上面有什么要求,有什么规定,不闻不问;有的律师事务所没有案件登记簿,没有学习制度,没有管理制度,没有执业律师照片上墙,律师事务所管理根本不到位,这些所的主任、合伙人完全不清楚会有什么风险,完全不清楚自己要承担什么责任。

律所主任是律所的灵魂,对外代表律所,对内负责律所管理与发展,律师事务所的生存、发展与壮大离不开律所主任。合伙律师事务所主任是合伙人选出来的,既然如此,你得认可,得维护主任的权威。我们绝大多数主任都是没有报酬的，都是在奉献，主任的威信首先要靠合伙人维护，合伙人都不维护，其他律师可想而知；合伙律师事务所选出的主任合伙人要在财务上给予一定的授权，不要搞什么一票否决制。个人所是自己承担责任，但按照规定，在事务所的一些大事上也要征求其他律师的意见。

再一个，说说律师事务所分所问题。目前遵义的律师事务所有几家设有分所，名城、山一、子尹、舸林等，这些律师事务所的分所究竟如何，我不作评判。最近在中国律师界发生的一件事应该引起我们思考。2018 年 12 月 5 日出现在律师界的《告全体中银人书》，中银律师事务所上海分所、深圳分所、济南分所、贵阳分所、银川分所联合声明：别拦我，我们要出走！

这件事对我们的总所合伙人有没有启示？总所与分所究竟是什么关系？只是交管理费吗？总所在分所的发展上能提供什么帮助？在分所的业务提升上总所能做些什么？有没有完整的专业模板供分所使用？有没有专业的团队为分所提供业务和技术支撑？如泰和泰律师事务所，分所在参与竞争性谈判中、在接到重大案件后，总所会有专门的团队为分所服务，所以分所和总所关系非常紧密；再如 2018 年 8 月 5 日在贵阳成立分所的靖霖律师事务所，会在每个分所召开全国性研讨会，为分所造势，贵阳分所成立时请了北京大学陈瑞华教授、北京尚权律师事务所毛立新主任等法学界、律师界的大咖来捧场。

二、律师事务所合伙人之间的关系

律师事务所合伙人归为事业型合伙人。事业型合伙人有 4 大特点：掌握自己的命运，形成背靠背信任，做大事业，分享成就。就遵义的合伙律师事务所来讲，目前，有的所将律师事业合伙与资产合伙混为一谈，有的在司法行政机关登记的合伙与所谓隐名合伙混为一谈，有的明明在办所理念、价值取向上差距很大又合伙在一起，出现了一些怪事。

理想的合伙人，应该是在同样的高度看向同一个方向，也就是大方向一致、价值观趋同。现实往往与理想有差距，不少律师事务所合伙人存在矛盾，甚至出现了相互斗争。合伙是一群人一辈子做一件事，在律师事务所发展的过程中，合伙人之间有矛盾很正常。由于理念、管理等的不同会发生分歧，但合伙人既然选择了合伙，那就要相信共同的力量，这才是最重要的。

合伙人之间首先要学会相互包容。

合伙人包容是构建良好合伙关系的基石，合伙人之间应该从管鲍之交体会包容之道。律师事务所成立之初，合伙人之间的矛盾相对较少，但随着事务所的发展，很多问题都会出现，所以，包容是事务所发展到一定阶段合伙人的必然选择。包容，能够统一思想、统一认识；包容，能够在思想、智慧乃至价值观发生碰撞时，依然放下成见、携手并进；包容，能够打破律所在知识、资源共享上的瓶颈，能够解决在案件合作上的局限性。当然包容是有度的，包容的根基在于民主，包容的边界也在于民主。所以，合伙人之间的矛盾要靠召开合伙人会议来解决。

合伙人的工作是事务所工作的核心。

律师事务所合伙人的工作是律师事务所生存和发展的关键，是事务所工作的核心，这主要从四个方面体现：一是统一认识。律师事务所合伙人之间有分歧不可怕，关键在于合伙人要不断地统一认识。我们遵义的律师事务所，有的一年不开一次合伙人会议，合伙人都忙，但思考过没有，既然是一群人在一起做事业，既然是关系律师事务所发展，合伙人会议难道不重要吗？合伙人要多开会统一思想统一认识，律师事务所的管理是合伙人大家的事，在发展中存在的困难和问题要大家来想办法，要发挥集体智慧。二是合伙人之间、合伙人与律师之间能不能互为客户？合伙人是一个统一的整体，在律师事务所的管理上如此，在案件的处理上也应该如此，统一收案统一调配可以让更多年轻律师获得案件，同时也让律师如对待客户一样对待合伙人、对待同事。三是合伙人要探索晋升与退出机制。我们有的事务所资深律师会给年轻律师一些案子，在给鱼的时候能不能也给年轻人一些捉鱼的方法？事务所在发展过程中能不能给年轻律师提供晋升的渠道？合伙人还要考虑合伙人的退出机制，当然合伙人也要考虑年长律师退休时候资源的分配及如何防止流失。四是培养年轻人为事务所发展储备力量。合伙人要有意识培养未来合伙人，选择年轻有为的律师进行培养，只有这样律师事务所才能发展壮大。

合伙人要知道合伙是一门艺术。

合伙人之间相处是一门艺术,是要学习的。首先,要树立主任或者执行主任的权威,律师事务所要么由合伙人担任主任,要么聘用全职的不做业务的职业经理人,由其负责日常的运营管理,所有合伙人都要维护他们的权威。其次,要以律师为本,律师是律所的上帝,合伙人要善待律师,不少律师要出来办所,应当引起合伙人的反思,律所不要总是用强制手段来卡律师,要考虑怎么能留住律师。最后,合伙人之间要做到包容、理解、支持。

律师事务所的分配制度是核心,所有的律师和辅助人员都会关心。目前全国的律师事务所有的是绩点制、阶梯式的方式,每年增加点数,但有封顶;有的律师事务所改良为两种,包括薪金合伙人、业务合伙人;遵义普遍的是摊位式合伙,律师更多是交管理费的方式,有的律师事务所在一些项目或者个案上有提成,这个问题各所特别是合伙律师事务所要认真思考。

三、"谋生"与"谋道"的关系

我们经常讲,有的律师把做律师当职业,有的律师把做律师当事业,这都没有错。问题在于我们有的律师也好,律师事务所也好,对什么是律师职业的认识是不清楚的,导致有的只埋头拉车不抬头看路,导致有的律师事务所、律师对司法行政机关和律师协会的安排部署不理解不支持。我们知道,律师是法律职业的重要成员。作为一种职业而非普通的谋生行业,它到底有什么特点,要真正理解律师的职业价值,先要清楚什么是职业。学界普遍认为,职业应该具备3个主要特征:一是建基于深奥理论基础上的专业技术,以区别于仅满足实用技巧的工匠型专才。二是为公众服务的宗旨,其活动有别于追逐私利的商业或者营业。尽管律师跟其他行业一样需要经济收入,甚至需要较高收入,但是高收入不是首要目的而只是附带的结果,最根本的价值是为公众服务的精神。三是形成某种具有资格认定、纪律惩戒和身份保障等一整套规章制度的自治性团体,以区别于一般的"行业"。关于律师职业的公共性特征,美国法学家庞德认为,职业为"从属于公共服务的群体",美国律师协会将职业律师界定为“促进公正和公共福祉为使命、为委托人服务并投身公共服务的法律专家”。由此可见，律师应当切实履行“维护当事人合法权益，维护法律正确实施，维护社会的公平和正义”之法定职责。这也就是律师职业价值包含的相互依存的两个方面，即依法捍卫委托人的最大利益和维护社会公正、维护法律正确实施。

职业也罢事业也罢，说到底就是律师事务所要应引导律师正确认识“谋生”与“谋道”之间的辩证关系。

什么是谋生？简单说就是设法寻求维持生活的门路。

什么是谋道？原文出自《论语》，子曰：“君子谋道不谋食。耕也，馁在其中矣；学也，禄在其中矣。君子忧道不忧贫。”翻译成今天的话是，孔子说，“君子用心求道而不费心思去求衣食。即使你亲自去耕田种地，难保不饿肚子；努力学道，却可以得到俸禄。所以，君子只担忧学不到道，不担忧贫穷”。这句话这样来解读，不谋衣食并不是真的不要衣食，而是通过谋道而水到渠成地获得衣食。

其实，从社会分工的角度来看，孔子的话的确是有一定道理的。以我们今天的情形而论，很多读书人，包括大学教授和搞文化工作的专家、高级知识分子，有时不如一个拉人力车的或种蔬菜的菜农收入高，更不用说和做生意的个体户相比了。但我们的大学教授和专家学者是不是要为了“谋食”而放弃教学和科研去拉人力车，去种蔬菜，或去做生意呢？这时，我们就用得着“君子谋道不谋食”这句话了。毕竟有社会分工的不同，有所从事的职业的性质不同。从这个意义上说，“君子谋道不谋食”还包含着一种敬业精神在内。

律师事务所首先是谋生，谋生就是事务所要考虑制定事务所的规章制度，特别是要加强政治学习、业务学习，要找准事务所业务方向，万金油律师的时代已经过去了，事务所要在律师业务方面不断锤炼技能，事务所要善于把握机遇。

律师事务所的“谋道”，指的是律师事务所和律师要信仰法律、敬畏法律，勇担社会公平正义责任，坚守职业操守，关心行业发展，热心公益事业，自觉为法治中国建设贡献自己的一切。

律师事务所“谋道”与“谋生”是相辅相成的，谋道体现在律师事务所发展过程中，要以“谋道”之精神“谋生”，在谋生时要在每次接待当事人的咨询、每个案件的办理中信仰法律、敬畏法律、宣传法律，坚守职业操守，事务所在发展的同时要考虑勇担社会责任，关心行业发展，热心公益事业，考虑如何推进行业发展。中国律师制度恢复重建近四十年，一批成功的大所发展的事实，如北京的大成、金杜、天同，上海的锦天城、博和，浙江的天册，重庆的索同、百君等，都证明了律师事务所要发展只有把“谋道”与“谋生”很好地结合起来，才能发展壮大，才能越走越好。

2019 年就是律师制度恢复重建 40 年了，中国律师人数已达 40 万人，律师业的发展已经到了一个新阶段，正在由律师大国向律师强国迈进。遵义律师业发展要与时俱进，我们不能满足于现状，遵义律师事务所现状须改变，律师事务所主任、合伙人要有革命的勇气，爱拼才会赢。只有这样，我们才会无愧于这个伟大的时代。

好风凭借力　律师开新篇

——学习十八届四中全会《决定》的体会

党的十八届四中全会是在党的中央全会上第一次专题研究依法治国问题，会议明确了全面推进依法治国的总目标和各项重大任务，作出了一系列关于全面推进依法治国的新论断、新部署，深刻回答了在当今中国建设什么样的法治国家、怎样建设社会主义法治国家等一系列重大理论和实践问题，为坚持走中国特色社会主义法治道路提供了根本遵循。《中共中央关于全面推进依法治国若干重大问题的决定》（以下简称《决定》）是着眼未来全面推进依法治国的重大部署，是指导中国特色社会主义法治建设的纲领性文件。

贵州省委十一届五次全会明确了全面推进依法治省的重大任务，这就是：从依法治国、依法执政、依法行政共同推进，坚持法治国家、法治政府、法治社会一体建设这个基本工作布局出发，坚持党的领导、坚持人民主体地位、坚持法律面前人人平等、坚持依法治国和以德治国相结合、坚持立足贵州实际，全面推进科学立法、严格执法、公正司法、全民守法，确保中央依法治国的重大决策部署在贵州得到全面贯彻落实。

遵义市委四届五次全会强调，全面推进依法治市，要坚持以马克思列宁主义、毛泽东思想、邓小平理论、"三个代表"重要思想、科学发展观为指导，深入贯彻习近平总书记系列重要讲话精神，全面落实党的十八大和十八届三中、四中全会及省委十一届五次全会精神，坚定不移走中国特色社会主义法治道路，坚决维护宪法法律权威，依法维护人民权益、维护社会公平正义、维护公共安全和社会稳定，全面推进依法治市，为全面深化改革、全面建成小康社会提供有力的法治保障。

毋庸讳言，遵义律师业与全国一样，迎来了发展的春天。遵义律师业如何适应新形势、新要求？如何实现科学发展？现结合遵义律师实际，谈几点看法。

一、加强学习，深刻领会，增强走中国特色社会主义法治道路的自觉性和坚定性

深入学习贯彻党的十八届四中全会、省委十一届五次全会及市委四届五次全会精神，把全市广大律师的思想行动统一到全会精神上来，是全市律师在相当长的一段时间的一项重要政治任务。十八届四中全会召开后，协会两次会长办公会认真组织学习，一次理事会学习，下发通知，要求各事务所认真组织学习。十八届四中全会《决定》强调“把拥护中国共产党领导，拥护社会主义法治作为律师从业的基本要求”，律师的政治学习将是一项长期的任务。协会要做好以下工作：一是结合第五届理事会通过的学习制度，在会长办公会（扩大）和理事会（扩大）学习两个层面，将全会精神的学习形成常态化；二是将全会精神学习纳入年度律师培训内容，纳入年度考核内容，将全会精神学习落到实处。通过学习，使律师深刻领会精神实质，增强广大律师走中国特色社会主义法治道路的自觉性和坚定性。

二、深刻认识并处理好几个关系

在全面推进依法治国的伟大进程中，遵义律师业要顺应形势，实现科学发展，要深刻认识并处理好以下几个关系：

1. 新机遇与新要求的关系

在十八届四中全会通过的《决定》中有 15 句话提到律师，“律师”一词出现 30 处，这在党的历次全会上是首次。可以看出，律师是依法治国的一支重要力量。除此之外，还有很多地方可以看出律

师的用武之地，如在重大行政决策法定程序中加入专家论证、风险评估，如设区的市地方立法权的规定，如部门争议较大的重要立法事项，由决策机关引入第三方评估等，这些对律师来说都是机遇。

法律人都知道，权利与义务对等，机遇与要求同在。协会、律师事务所、律师一定要清醒地认识到这一点，《决定》在政治上给律师明确了要求，接下来，司法部、全国律协会对这些要求进行细化，广大律师要加强学习，要不断适应新要求。在业务素质上要不断提升，特别是协会，要认真履职，开展形式多样的活动，尽快提升律师业务素质以适应新要求。

2. 数量与质量的关系

这几年，遵义律师数量发展很快，这是好事，就要突破 500 人，没有数量很难说质量，同时我们也要清醒地认识到，这是司法考试照顾西部的结果，这几年进入律师队伍的，C 照占到 80% 以上。如果我们在数量上增大了就沾沾自喜，那是很危险的，我们必须清醒地认识到，当数量上来后，质量比数量更重要。就协会这个层面，要考虑年轻律师的培训问题，要考虑如何让年轻律师尽快适应新形势的需要，在政治上把握方向，在业务上尽快提升。新一届理事会为了加强对年轻律师的培养，专门成立了青年律师工作委员会。前不久作了个问卷调查，根据年轻律师们的普遍要求，将在 12 月初举办第一期青年律师实务培训班，请资深律师为他们上课，今后这样的班要形成常态化。律师是一项专业活，也是一项技术活，有一个“传帮带”的问题，有的律师事务所在对实习律师的培养上不是很负责，今后协会将考虑如何规范律师事务所对实习律师的培养问题。在对实习律师的考核上，协会这几年都是严格的，协会已下发通知，从 2015 年 1 月起，参加考核的律师必须提交实习日志，希望通过这样的方式进一步规范实习律师的行为。

3. 经济效益与社会效益的关系

2013 年，遵义市律师创收近 5000 万元，放在全国、全省来说实在很少，我们必须思考遵义律师业如何做强做大的问题。律师要生存，要体现自己的价值，需要获得经济利益维护自身发展。但是，我们也要清醒地认识到，律师并不是盲目赚钱的工具，律师在提供有偿服务的时候，也要履行律师的社会责任和社会担当，律师要履行法律援助职责,要对困难群众伸出援助之手,要向社会献出爱心,要积极参政议政,要参与信访接待,要宣传法律。协会在前几天召开的第五次会长办公会决定,2015 年第一季度向社会公开发布《遵义律师 2014 年社会责任报告》,今后每两年发布一次,我们做了什么要向社会公布,同时也让社会对我们律师的行为进行监督。

4. 专业化、规范化与规模化的关系

遵义市现有律师事务所 46 家(不含法援和公职),普遍存在的问题是规模小、规范化程度不高,与遵义经济社会发展不相称。面对现实,律师事务所要考虑向专业化、规范化方向发展。在专业化方面,协会要积极引导,要把有限的培训机会向专业化强的律师事务所倾斜,力争在几年内能发展 5 ~ 10 个专业化程度高的律师事务所;在规范化方面,要切实履行协会职责,制定相应的制度,规范律师执业行为,规范律师事务所,严格对律师事务所的考核,对考核不合格的律师事务所,建议司法行政机关对其停业整顿。当然,在律师事务所的规模化方面,也要考虑扶持 2 ~ 3 个所,但必须意识到专业化、规范化是律师事务所发展的前提,没有专业化、规范化就不可能有规模化。

三、完善行业规范,严格规范律师执业行为

《决定》指出,“加强律师事务所管理,发挥律师协会自律作用,规范律师执业行为,监督律师严格遵守职业道德和职业操守,强化准入、退出管理,严格执行违法违规执业惩戒制度”。要落实《决定》要求,协会必须履行职责。按照《中华全国律师协会章程》(2011 年修订)第 6 条规定,律师协会有“制定行业规范和惩戒规则”“组织律师业务培训和职业道德、执业纪律教育,对律师的执业活动进行考核”的职责。为了履行好协会职责,第五届理事会在 2014 年 10 月 25 日召开的第三次常务理事(扩大)会议上决定,成立专门的小组,对协会自成立以来的规章制度进行清理,对与现实不相适应的该废除就废除,对需要修改的及时进行修改,根据各级司法行政机关和上级律师协会要求需要制定的就抓紧制定。一言以蔽之,按照《决定》新要求,制定切实可行的规章制度,规范律师执业行为,引导广大律师规范执业。严管是爱,放纵是害。对违规违纪的律师,

协会绝不手软。协会要充分利用网站和杂志平台,建立诚信信息平台,设立曝光台,对违规违纪的律师该曝光的就及时曝光。

四、呼吁尽快建立完善律师执业保障机制

律师执业权利保障问题由来已久,这是客观存在的现实。市委四届五次全会的召开,制定了依法治市的总目标,这对完善律师执业权利保障是一个契机,协会要向司法行政机关积极反映律师执业中权益保障的问题,加强与有关部门的沟通,帮助解决律师执业中的困难和问题,依法维护律师合法权益。

五、加强党的领导,确保律师业的发展方向

在律师行业中要开展党和法律关系的学习,要深刻认识到党的领导是全面推进依法治国、加快建设社会主义法治国家最根本的保证。协会要制定系列措施,切实加强党对律师工作的领导,要扩大党对律师工作的覆盖面。建议成立中共遵义市律师协会党委,更好贯彻落实党的路线、方针、政策,切实发挥党组织的政治核心作用。

六、扩大宣传,树立遵义律师新形象

扩大宣传,有两方面的内容:一是律师作为依法治国的一支重要力量,要做好法治宣传工作;二是要加大对律师的宣传。两方面是一个有机统一的整体。

作为律师协会,要利用好网站、杂志平台,用好遵义律师宣讲团平台,开展好宪法宣传教育活动,宣传中国特色社会主义法律体系,宣传与人民群众密切相关的法律法规,通过形式多样的活动,教育引导公民增强学法尊法守法用法的自觉性。继续协助遵义电视台办好“法治遵义”栏目,探索与其他媒体的合作,为遵义市法治总目标的实现作出应有的努力。协会要加大对律师的宣传,用好网站、杂志,宣传律师中的优秀人才,宣传律师在经济社会发展服务中所作贡献,树立律师正面形象。同时还要适时召开遵义律师协会新闻发布会,向社会作出服务承诺,按时向社会发布遵义律师社会责任报告。

律师的春天来了,这是律师界的普遍认识。春天是播种的季

节，春天是耕耘的季节。在新的时代，作为法律人的律师，只有深刻学习领会精神，认真钻研业务，积极投身到依法治国的伟大进程中，才能不辜负党和人民对广大律师的期盼，才能不辜负这个伟大的时代。

（本文原载《遵义日报》2014 年 11 月 22 日）

雄关漫道真如铁
而今迈步从头越

——在律师协会服务16年的感悟

作为一名律师,特别是作为长期在律师协会服务的律师,在律师制度恢复重建40周年的时候,一直在想要写点什么,心里才能释怀。

1988年,我大学毕业后被分配到了061基地的子弟学校教书,一个偶然的机会,认识了一位正在读中华律师函授大学的朋友。在他的热心帮助下,我报考律师资格,经过半年的努力,通过了考试,由此进入律师行业。

我从2003年起任遵义市律师协会副会长,2014年担任遵义第一位执业律师担任会长,已经16个年头。16年来,虽说有些付出,但同时也有很多收获。16年有太多的话要说,限于篇幅,就只说一下这些年来在律师文化建设方面探索的事吧!

一本《遵义律师》杂志

为律师协会服务的情怀始于《遵义律师》杂志。

2002年遵义市律师协会换届,结束了长达7年协会只有架子没有内容的历史,这得益于遵义市司法局新任局长李学芬有律师资格,换届后局长兼任会长,新一届会长班子雄心勃勃。都说贵州文化在黔北,遵义律师应该有自己的文化,应该有自己的刊物,于是决定创办《遵义律师》杂志,我就成了主编,一个没有兵的光杆司令。

《遵义律师》杂志是一本内部交流刊物,是律师展示自我风采的平台。我从2003年起担任主编,虽无任何报酬,却也无怨无悔。直到在2018年10月换届连任后,才将主编交到年轻人手中。从没有刊号到有内刊号,从印刷800册到5000册,至今《遵义律师》发行65期,在遵义市法律人群体中有很大影响,得到省司法厅、市委市政府的高度评价。

在省级协会办一本杂志不难,在一个只有百余名律师的基层律师协会,没有经费没有人员,难度可想而知。《遵义律师》为季刊,每年4期,从未中断。16年来按时出版,按时递送到律师及有关领导及部门负责人手上,需要的是一种坚守!

16年,作为小城市律师协会的这本杂志凝聚了多少心血,花费了多少时间,记不清了,但有那么一件小事,至今还记得。那是2005年的夏天,一个炎热的中午,余大培律师拿一张照片到印刷厂,那是登载他的一篇文章,要配发一张照片。中午1点多钟,余大培律师把照片送到了。而我还没吃中午饭,在印刷厂电脑室设计版面,余大培律师虽然是年逾六十的人了,却还是接连说了几声谢谢。

《遵义律师》杂志在律师文化建设方面是一个很好的载体,在外树形象上,《遵义律师》搭建了一个好的平台,让各级领导及法律人认识、了解遵义律师,也让各级领导看到律师在民主法治建设、社会经济发展中发挥的作用。

在一期《遵义律师》登载的《律师情怀》中,这样歌唱道:漫漫长夜,谁为你点亮黎明?迢迢长路,谁与你一路同行?请把我的手握紧,我为你旗帜鲜明踏上征程。请把我的心靠近,我是你公平正义的守护神……

一场律师文化建设的尝试

从担任《遵义律师》主编起,我就开始对律师文化建设进行思考,先后发表《浅析律师文化建设的路径选择》《探索地方律师协会建设之文化建设——以遵义律师文化建设为视角》等文章。

律师文化是法治文化的重要组成部分。律师文化建设的核心是,以律师为本,着力提高律师的思想道德和法律素养。律师文化建设必须有载体,而协会组织开展活动是律师文化建设的主要载体。通过活动,把律师文化建设的内容深入进去,通过活动,让广大律师在活动中自觉不自觉地受到熏陶。

这些年遵义市律师协会在律师文化建设上做了一些尝试:

一是依托律师年度培训,开拓律师视野。先后邀请了国内知名法律大家讲授法律课程,如陈光中、张宝生、陈瑞华、乔新生、张新宝、车浩、左卫民、邓子滨、刘桂明、吴大华、常鹏翱、陈虎等;邀请了国内业界知名律师传授办案技巧,如顾永忠、钱列阳、吕红兵、王才亮、程守泰、张峥、刘卫东、徐宗新等;还邀请了贵州著名红色专家黄先荣先生讲授长征文化、贵州著名学者曾祥铣先生讲授遵义历史文化、贵州著名学者顾久先生讲授律师与文化自觉;还邀请江西尚朴文化研究院研究员吴友明先生讲授道德经与法治等课程。

二是开展文体活动,展示律师精神风貌。协会每年组织迎春茶话会的文艺表演,特别是 2015 年协会成立 20 周年文艺汇演在遵义演艺中心举办,律师用文艺方式诠释法律,向社会展示遵义律师精神风貌;律师与公诉人辩论赛,青年律师演讲比赛,青年律师发展论坛,为青年律师成长搭建平台;体育活动周活动,培养律师团队意识和树立律师积极向上的拼搏精神。

三是开展律师之家建设活动。协会在律师生日送上贺卡及看望慰问困难律师体现协会人文关怀;在三八妇女节坚持为女律师送上礼物;坚持重阳节邀请老律师座谈,薪火相传,树立律师尊老敬老爱老的传统美德等。

四是坚持“立言”,出版书籍。先后在中国文史出版社出版《遵义律师志》、法律出版社出版《律师办案思路》等书籍。

五是加大与媒体的合作。要宣传律师必须与主流媒体、新媒体合作。先后与电视台合办《泽丹说法》《法治遵义》等栏目,与广播电台合作《以案说法》节目,在《遵义日报》开设“律师说法”栏目;遵义律师重大活动稿件在坚持《贵州日报》《法制生活报》《遵义日报》有报道的同时上《今日头条》。

六是设立新闻发言人制度,发布《遵义律师社会责任报告》。律师是中国特色的社会主义法律工作者,既要维护当事人的合法权益和社会公平正义,也要彰显律师的社会责任。协会从 2014 年开始建立新闻发言人制度，就遵义律师业发展中的重大问题及时向社会发布，同时每两年发布 1 次社会责任报告，向社会展示遵义律师在社会责任方面的履职情况。从已经两次发布《遵义律师社会责任报告》来看，彰显了律师形象，获得了社会广泛好评。

我国台湾地区作家龙应台说过，文化如白糖融入水中。我相信，这些年来我和我的同仁们在律师文化建设中的尝试对遵义律师是会产生一定影响的。

一些体会和感受

2018 年 1 月在深圳举办的第十届中国律师论坛二分论坛上，我做了《地方律师协会如何挺在前面——也谈地方律师协会建设》演讲，我说地方律师协会在制定相关制度时，一定要结合自身实际，适合自己的才是最好的，只有如此，才能真正发挥律师协会的行业功能。

在两结合管理体制的大背景下，作为在律师协会服务的律师，只有真心实意为大家谋事做事律师协会才可能挺在前面，只有真心实意为大家谋事做事才可能提高律师协会和律师的影响力，只有真心实意为大家谋事做事才可能得到广大律师的支持和拥护，只有真心实意为大家谋事做事才可能真正建设律师之家。

为协会工作必须讲奉献。律师协会是行业自治组织，律师协会的理事、常务理事及会长班子都是兼职，都是靠办案来获取报酬，在工作中需要有取舍。作为服务律师协会的律师必须清醒地知道，组织和广大律师不欢迎只挂名不做事的人，要为律师业的发展做出自己的奉献。

为协会工作必须讲责任。律师协会是政治性极强的社会组织，按照《律师法》律师协会有管理和服务职能，不只是荣誉，同时还有一份责任。而这份责任就是在尽心尽力的干好本职工作的同时，在协会工作上有要有所作为。责任是分内应做的事情，也就是承担应当承担的义务，完成应当完成的使命，做好应当做的工作。责任感是衡量一个人精神素质的重要指标。只有强化责任意识，才能时刻提醒自己，勤劳敬业，奋发进取，同时也才能更好地时刻提醒自己，自我反省，自我监督，脚踏实地地为律师事业发展贡献自己的聪明才智。

为协会工作必须讲担当。中国律师百年沧桑，十八大以来，律师业发展迎来了大好时机，律师从未受到过如此的重视，时代的要求，律师的期盼，对作为服务律师协会的人来说都是沉重的压力。要大胆探索，放手工作，在协会工作上大胆创新，同时要有正确态度，不能因为害怕问题出现了要承担责任，就不开展工作，就无所作为。人，生而在世，在国家大事、社会难事面前，是退避三舍，还是敢于担当，不仅反映了一个人境界的高下，也决定着一个人最终是否有所作为。对服务律师协会的律师来讲，协会的工作就是大事、难事，不能退避三舍，而要敢于担当。

16 年的情怀，源于对律师事业的热爱。有付出必有回报，16 年的付出，锻炼了我也成长了我。组织从来不会忘记为行业发展作出奉献的人！我于 2011 年获得全国优秀律师，2016 年当选中华全国律师协会理事，2017 年获得全国司法行政系统劳动模范。

40 年，中国律师从无到有，从小到大；40 年，中国律师已经成为经济社会发展一支不可或缺的重要力量；40 年，律师行业两结合管理的探索越来越成熟。

站在 40 年后的新起点，律师协会这一行业自治组织，作为党委、政府联系广大律师的桥梁和纽带，正在为中国律师事业的发展，为法治中国的建设做出应有的贡献。

雄关漫道真如铁，而今迈步从头越。我深深地知道，中国法治建设的路还长，中国律师业发展的路还长，我和至今还在为律师协会服务的同仁们将继续着这一未竟的征程，来架起这些理念与时代现实之间的桥梁。

（本文原载《中国律师》2019 年第 7 期）

如何做好参与化解
和代理涉法涉诉信访工作

——遵义市2020年律师参与化解和代理涉法涉诉信访案件工作培训会讲稿

从2016年3月启动遵义律师参与化解和代理涉法涉诉信访案件工作到今天，已经4年多了，我市广大律师为遵义涉法涉诉信访案件的化解和代理工作做了大量的努力，付出了大量心血，取得了一定成绩。特别是2017年3月31日遵义市涉法涉诉信访改革暨律师参与化解和代理涉法涉诉信访案件工作推进会上，30名工作成绩突出的律师受到了表彰，说明我们的工作得到了党委、政府的充分肯定。在肯定成绩的同时，我们要清醒地看到，在律师参与化解和代理涉法涉诉信访案件工作中，我们的工作还存在很多不足，我们要看到当前涉法涉诉信访案件仍高居不下，我们取得的成绩离党委、政府对我们的要求还远。

在这4年多来，我们发现在律师值班、律师评查、律师化解案件中，都存在这样那样的问题。在2018年12月，第六届理事会换届后，我们对专家律师库进行了一次调整，成立了律师参与化解和代理涉法涉诉信访案件专门委员会，由3名会长班子成员担任主任和副主任，是专门委员会主任组成规格最高的；及时调整了市级专家库组成人员，将那些不愿再继续工作的律师、相关单位和部门不欢迎的律师、年龄和健康因素不适合的律师调出了专家库，对市级层面的三个值班律师团队进行了比较大的调整。近两年来，律师参与化解和代理涉法涉诉信访案件专门委员会工作成绩是显著的，泽江副会长很努力，大家工作很辛苦，市政法委及公检法各家对我们专家律师的工作是满意的。第一次调整到现在还不到两年时间，为什么要再调整？原因是多方面的，一是有个别律师不愿再继续工作，二是相关单位和部门不欢迎个别律师，三是有的律师因年龄和健康因素不适合，四是随着此项工作的开展，56 名专家律师已经不适应工作需要。为此，我专门到市司法局和政法委汇报，特别是政法委，我专门给两位书记汇报调整和培训的必要性。在律师参与化解和代理涉法涉诉信访案件专门委员会提供的 150 多名名单基础上，经会长办公会讨论并报市司法局同意最终确定 108 名。这次由市政法委统一聘任，我们认为这些专家在政治上是可靠的，业务上是能胜任的。

为了做好律师参与化解和代理涉法涉诉案件工作，无论是继续聘任的专家，还是新聘的专家，市政法委、市司法局、市律师协会都认为有继续培训的必要，先培训再上岗，不培训不上岗。结合 4 年的实践，下面我就如何做好律师参与化解和代理涉法涉诉案件工作说几点认识，供各位参考。

一、对律师参与化解和代理涉法涉诉案件制度意义的认识

如何认识律师参与化解和代理涉法涉诉案件制度的意义？

一是从制度出台的背景来认识。改革开放近 40 多年来，人民物质和精神生活水平不断提高，各种利益诉求不断涌现，涉法涉诉问题不断增多。随着涉法涉诉信访改革推进，依法处理涉法涉诉信访工作取得了积极效果，但涉法涉诉信访案件多发，重复访高发、久访不息的问题仍然突出，既加重了信访群众的诉累，又耗费了大量司法资源，影响正常信访秩序。过去的围追堵截，耗费了大量的人力、物力、财力。怎么办？只能从制度上进行设计。

二是律师参与化解和代理涉法涉诉信访案件工作，是全面依法治国、推进国家治理体系和治理能力现代化的要求。十八届四中全会通过的《中共中央关于全面推进依法治国若干重大问题的决

定》,吹响了全面依法治国的进军号角。依法治国要求运用法治思维和法治方式解决涉法涉诉信访问题,《决定》明确指出,“对不服司法机关生效裁判、决定的申诉,逐步实行由律师代理制度”。2015年6月,中央政法委印发《关于建立律师参与化解和代理涉法涉诉信访案件制度的意见(试行)》,这是落实党的十八届四中全会精神、全面推进依法治国的具体要求和实践,是推进涉法涉诉走向法治的重要途径,是形成良好信访秩序的制度保障。十九届四中全会审议通过了《中共中央关于坚持和完善中国特色社会主义制度、推进国家治理体系和治理能力现代化若干重大问题的决定》,全会提出,到新中国成立一百年时,全面实现国家治理体系和治理能力现代化,使中国特色社会主义制度更加巩固、优越性充分展现。律师作为中国特色社会主义法律工作者,要积极投身到推进国家治理体系和治理能力现代化的过程中去,2020年5月市律师协会与余庆县依法治县委员会签订的对口帮扶协议,就是想参与到余庆乡村治理体系建设中,为律师参与国家治理体系和治理能力现代化做一些探索。

三是律师参与化解和代理涉法涉诉信访案件工作,体现了党中央对律师群体的高度信任。十八届四中全会作出了加强律师队伍建设、推动律师业发展的决策部署,习近平总书记在十八届四中全会讲话中说,“律师队伍是依法治国的一支重要力量”。2015年8月召开的全国律师工作会上,时任中央政法委书记孟建柱说,律师是一支党和人民可以信赖的队伍,号召广大律师积极参与化解和代理涉法涉诉信访案件工作,依法化解社会矛盾,促进社会和谐稳定。

四是律师参与化解和代理涉法涉诉信访案件工作,是一种制度设计。在前述背景下,出于对律师群体的基本判断,同时,还基于律师职业价值,律师职业价值包含相互依存的两个方面,即依法捍卫委托人的最大利益和维护社会公正、维护法律的正确实施。因此,中央认为,律师以法律服务者身份参与涉法涉诉信访工作,容易取得信访群众信任,引导信访群众理性表达诉求、依法维护权益;律师是法律“明白人”,既向信访群众讲法明理,又督促政法机关严格依法办案,有利于涉法涉诉案件得到依法解决。

五是律师参与化解和代理涉法涉诉信访案件工作,是律师的社会责任。社会责任是在一个特定的社会里,个体对其他个体的伦理关怀,它隶属于道义责任或道德义务范畴,律师的社会责任受全社会关注。律师是社会主义法律工作者,在全面推进依法治国中具有重要作用,律师必须承担相应的社会责任。考察西方国家的律师制度发展历史可以发现,尽管律师的出现是为了顺应人们在具体的案件中对法律服务的需求,但是在整个律师行业的发展过程中,律师渐渐跳出了"就案说案"的被动模式,律师在国家的制度创建、政治改革、文明演绎等各个领域作出了不可磨灭的贡献。律师在这些国家的社会政治结构中占有着重要的地位,直接参与并实际影响着国家的民主制度的运作和社会法治意识的提高。律师参与化解和代理涉法涉诉信访案件,既是为信访群众提供法律服务,也是提高自身能力素质、彰显社会责任的实践和锻炼。

在认识了律师参与化解和代理涉法涉诉案件制度的意义后,我有两个判断:一是诸多矛盾交织叠加,各种风险挑战接踵而至;二是律师参与化解和代理涉法涉诉信访案件制度将在很长一段时间内不会改变。

二、对律师参与化解和代理涉法涉诉信访案件工作委托关系的认识

律师是从事代理工作的,律师参与化解和代理涉法涉诉信访案件。这其中的代理很好理解,即代理信访人申诉;而在化解工作中,律师有没有委托关系?如没有,那律师凭什么介入?如有,那委托人是谁?委托事项是什么?这些问题没有搞清楚,在工作中就可能处理不好一些关系,就可能费力不讨好。

首先要清楚的是,从律师制度理论基础来看,律师不是司法体制外的异己力量,相反,它是国家建立的司法体制内的健康力量。这可以从建立律师制度的三大理论基础进行考察。一是人性尊严原则是律师制度设立的根本价值基础。所谓人的尊严,指唯人始有之特殊价值,人性尊严的保障是法律制度的根本。人性尊严原则尊重人的自身价值,尊重人的基本权利,强调人不应成为他人(包括国家)所任意支配的客体,人就是目的本身,并非成为实现目的的手段。由于现代司法制度及程序技术的复杂性,需要设立律师制度来

保障。二是律师制度是实现法治国原则的重要保障,法治国原则是现代法治国家认同的重要原则之一。律师不仅是公民权利的维护者,同时也发挥着控制政府权力,防止其滥用的作用,在平衡社会结构方面具有重要意义。三是律师制度是协助当事人实现程序主体性原则的重要保障。程序主体性原则是指司法裁判的构成及运作,须以保障受裁判者之程序主体权即程序上基本人权为必要内容。因为律师具有专业知识,有能力协助当事人及利害关系人实现程序主体性原则。

从上可见,律师不是司法体制外的异己力量,而是国家司法体制的协同力量。因此,我个人认为,一是律师参与化解和代理涉法涉诉信访案件,存在委托关系。在中央政法委《关于建立律师参与化解和代理涉法涉诉信访案件制度的意见(试行)》文件中明确规定"各级党委政法委要加强对这项工作的领导,及时协调解决好工作中遇到的困难和问题"。这说明律师参与化解和代理涉法涉诉信访案件是受各级政法委的委托,这就解决了律师做这项工作的权利来源,这也就解决了律师在参与化解和代理涉法涉诉信访案件该对谁负责的问题。二是代理方式问题,《贵州省律师参与化解和代理涉法涉诉信访案件实施办法》第二条对此明确规定,通过听取信访人诉求,评析信访人事项,有针对性地做好释法析理、提出处理建议、引导或代理申诉等工作。三是代理工作内容,《贵州省律师参与化解和代理涉法涉诉信访案件实施办法》第三条对此明确规定有三项:第一,对原案处理正确的,帮助信访人准确理解办案机关依法作出的法律处理意见,劝导其息诉息访;第二,对原案处理可能存在错误或者瑕疵的,向政法机关提出建议,促使信访问题进入法律程序解决;第三,对信访人生活困难、符合司法救助规定的,协助申请人依法依规申请司法救助。四是代理要达到目的,促进案件得到依法公正处理,实现息诉息访。

这个问题很重要,我们不能模糊不清,这关乎我们在参与化解和代理涉法涉诉信访案件工作中的出发点,关乎我们的工作定位,还关乎我们怎么处理与信访人、与政法机关的关系。这个定位要求我们的工作既不能单方听信信访人的,也不能单方轻信政法机关的,不做实质性地化解。

这个问题的重要性还在于,明确了我们的工作是受党委、政府的委托。那么,在我们接谈信访人、评查信访案件、做好解释劝导工作、提出处理建议、帮助申请救助工作时,在使用这些具体工作方法上,对委托人负责的保密义务是法律伦理的基本要求。我们不能感情用事,我们不能在工作场所之外接触信访人,在评查案件时也不能过多与信访人联系,更不能把没有经律师协会研究的结论告诉信访人,特别是原案件处理可能存在错误的案件。

三、对律师参与化解和代理涉法涉诉信访案件工作值班接访的认识

一是从接访形式上的认识。

律师参与化解和代理涉法涉诉信访案件首先是从值班接访开始的,我们市级层面的 3 个专家团队的主要工作也是值班接访,《贵州省律师参与化解和代理涉法涉诉信访案件实施办法》第二章专门说的是工作机制,结合该章的规定,我谈一下我对值班接访的认识。

在谈工作机制之前,我们要对信访人这个群体有一个基本的认识。两年多来,在遵义有一些信访人是抱团的,有一些信访人思想是坚定的,有一些信访人心态是游戏化的,有一些信访人对法律法规是非常熟悉的,等等。我们虽然是专家,但还是希望各位对此有清醒的认识,特别是我们刚进库的专家,千万不能掉以轻心。只有知道了我们的工作对象,才能更好地开展工作。在接访中要注意哪些呢?

第一步是一定要诚心。值班律师要认真听取信访人陈述,有些老信访人的心态已经发生变化,值班律师能听他说上一小时两小时,他会觉得你很好,值班律师会获得他的基本信任,在这个过程中值班律师千万不要表现得不耐烦。

第二步是一定要细心。在接访工作中,最好在听完信访人介绍情况或倾诉后,要详细阅读信访材料,准确了解信访人的诉求,信访人看到值班律师认真细致看材料,会进一步增加对信访人的信任。

前两步是基础,是接访工作的关键,信访人听不听值班律师的释法明理,甚至案件能不能化解都在此。

第三步是一定要耐心。听完、看完后,值班律师得解答信访人

提出的问题,这里先说形式,就是值班律师的解答要表现出有耐烦心,千万不要表现出不耐烦。

二是从接访内容上的认识:

涉法涉诉信访案件,都和案件有关。而摆在我们面前的都是已经终结的案件,很多已经多次审,五审六审不奇怪,对这些案件的评判我们要小心,都是法律人,我们不是就一定比法官、检察官高明。而且摆在我们值班律师面前的材料往往是不完整的,所以在接访中值班律师不要轻易下结论,不能只见树木不见森林,值班律师一句不恰当的评论可能会更加坚定信访人的信心,可能会成为信访人再次到其他机关上访的理由。

《贵州省律师参与化解和代理涉法涉诉信访案件实施办法》第六条规定,针对信访人的具体情况,分类提出化解意见,引导信访人依法进行信访。分为五个类:一是案件处理正确的,做好法律释明和息诉罢访工作;二是不属于政法机关受案范围的,进行引导;三是有瑕疵但不足以改变原决定或改判的,应当向信访人说明情况,必要时向政法机关提出书面意见;四是特别情况,另说;五是鼓励信访群众聘请律师,请不起的告知或协助申请法律援助。

大家注意没有,上面四种情况(1、2、3、5 款)值班律师都可以说,可以进行解答,第四种情况非常特殊,我们先学习原文:值班律师认为原案件处理存在错误,可能引起撤销原处理决定或改判的,经值班律师所在律师事务所集体讨论后,提交本地区律师协会研究;对重大、复杂、疑难案件,地区律师协会也可提交省律师协会研究。律师协会支持值班律师意见的,及时向办案机关书面提出法律意见或工作建议。大家注意,这里看不出值班律师可以就这类案件向信访人说什么,这里规定了非常严格的程序。值班律师不但不可以说,而且应当向律师事务所报告,律师事务所要进行集体讨论。律师事务所如果支持值班律师意见,那向律师协会报告,如律师事务所大多数人不赞同值班律师意见,我个人认为就不要上报。这两年来,在这一块有点乱,有的律师随意给信访人解答,这个案件有问题,甚至说这个案件错误,等等,有的律师没有将案件报律师事务所讨论就直接报市律师协会或者直接报我,现在省委政法委的实施办法出来了,我们都是律师,律师是吃规矩饭的,希望大家今后还是按规矩来办。

总之,在接访中要多听少说,谨言慎行。在各位面前的信访人可能已经上访了几年几十年,走了许许多多的单位、部门,见了许许多多领导、法官、检察官、律师,他的问题可能是问题,可能根本不是问题,需要的也许就是你的倾听,也许就是来报个到,也许就是交个材料,做一个缄默者是你的聪明选择。

四、对律师参与化解和代理涉法涉诉信访案件工作案件评判的认识

涉法涉诉信访案件,核心是案件的评判,无论是值班也好,评查也好,还是包案化解也好,关键还在于如何认定案件是正确还是错误。如何来认识一个几年前、十几年前、几十年前的案件的对与错,的确很难,对我们专家律师是一种考验。也正是因为这样,我们看《贵州省律师参与化解和代理涉法涉诉信访案件实施办法》第六条第四款才规定了那么复杂的程序,这既是对案件负责,更是对律师负责,要求专家律师不要轻易对案件下错误的结论。我们专家律师拿到一个案件如何进行评判?我说几点想法:

一是尊重历史,了解当时的法律、政策规定。我们要把案件放在当时的历史背景下考虑,特别是一些几十年前的案件,不能用现在的法律法规去评判。如我们几年前评查的一个案件,是在20世纪80年代末原遵义市人民法院判决的。律师提出评三类案件,理由是没有对房屋进行评估,只有物价局的证明,这就是不了解当时的情况,我们是律师都清楚法律没有溯及力。《民法通则》第6条规定了遵守法律和政策原则,现在的《民法典》基本原则中没有了政策的规定。但我们评查的案件都是几年前或者几十年前的,遵守法律和政策的原则还是适用的,这要求我们在评查时要了解当时的法律和政策,这一点很重要。

二是认真研判,厘清案件法律关系。有些案件法律关系复杂,当事人多,又有多份法律文书,这要求我们专家律师要对这些法律文书进行认真研读,多看几遍,厘清案件的法律关系。比如2018年评查的一个案件,涉及当事人多,生效法律文书有6份之多,我们的评查专家初评要评三类案件,“该协议只对×××所宣称的房屋征

收价格 5 万多元进行了分割,未对争议房产因拆迁补偿安置协议所载的全部权益进行分割,遗产范围不应仅限于被拆迁部分的货币补偿部分,还应包括因原有房屋产权调换的新房屋,即遗产未分割完毕”。这是专家认为是错案理由第 1 条的原文,我在复查中认真研读,原来的房屋在拆迁安置时有两种方式,产权调换和货币补偿,当事人选择产权调换,自然没有货币补偿,而 5 万多元是当时对房屋的评估价,继承调解时按当时的评估价进行的分配。

三是集体讨论,发挥专家团队力量。虽然我们是政法委聘任的专家,但我们要清醒地知道,我们不是万能的。我们或许熟悉某方面,我们或许擅长某个领域,但我们拿到的案件可能就不是这个领域。所以,我们在评查中、接访中要虚心向他人请教,特别是同一个团队的,要相互帮助,对一些案件要集体讨论,希望 3 个组长平时要多问一问,有没有需要集体讨论的,这方面过去做得不好,我希望今后能有所改进。

四是中立客观,不向信访人透露案件评判的倾向性意见。在案件评查过程中,可以有限选择地方接触信访人,了解信访人的诉求;也可以与案件办案人沟通,全面了解案件的办理过程。但是,应避免与信访人产生不必要的接触。

五、对律师参与化解和代理涉法涉诉信访案件工作的纪律要求

在座的专家是从 1500 多名律师中精选出来的,市委政法委为专家颁发了聘书,这是一种荣誉,更是一种责任。政法委聘任各位专家是为了化解和代理涉法涉诉信访案件,这是市委政法委对各位专家的重托。为了完成市委政法委委托的代理事项,我们必须讲纪律。下面我就律师参与化解和代理涉法涉诉信访案件,代表市律师协会讲四点工作纪律:

一是值班律师必须是在册的各位专家,不能让其他律师替代,更不能是实习律师或者律师助理。由于各位专家都很忙,如果轮到值班的确有事,首先是尽量克服,如果实在不能克服,再同组调班。希望各组秘书认真履职,提前一天在群里提醒,这样如果有事可以调换。

二是值班律师要按时值班，不要迟到、早退。这是律师形象问题，影响的不是你个人，大家一定要有大局意识，你的行为在信访人、政法机关、政法委心目中代表的是遵义律师的形象。我在一次走访各个值班室的过程中，有一位信访人就给我说过，×××昨天迟到半个多小时。还需注意的是，我们的工作有政法机关的同志在监督。

三是在案件评查上，各位专家一定要亲自看卷。很多专家都带有助手，在过去进行的案件评查中，我们发现，有的专家自己不看卷，全部交由助手看，评查报告交由助手写，更有甚者，在中院召开的协调会上由助手汇报。有 3 个法官给我说这事，造成极坏的影响，希望各位亲力亲为，认真负责。

四是严格保密。由于律师职业的特殊性，律师有可能接触到当事人或第三人各种不宜泄露的信息，不但律师的职业道德要求律师保守秘密，而且《律师法》也做了相应的规定。各位专家律师无论在接访还是评查中，一定要注意保密，特别是评查案件过程中，对案件的评查意见、结论不能泄露给信访人，这是纪律要求。如有违反，协会将严肃处理。

各位同仁，陈永书记在上午的讲话中说，受聘担任市政法委涉法涉诉的专家，都是精挑细选的，是公道正派、善于担当、热心公益的优秀律师。受聘担任专家律师，对大家来说，既是一份荣誉，也是一份责任，更是一份信任。108 位专家律师就是我市社会责任感强、司法实务精通、群众工作能力突出的一支“尖刀法律服务专家团”，是我市防范重大风险隐患的一支重要力量，是我市处置重大敏感突发事件的一支应急力量，可以说党委、政府对我们寄予厚望，也赋予重托！希望各位专家不负重托、不辞辛劳、勤勉尽责、克难攻坚、不辱使命。

做到“四个到位”迈好律途第一步

——在2020年度贵州省申请律师执业实习人员培训(遵义)班上的讲话

在这硕果累累的金秋时节,遵义市、铜仁市、安顺市、黔西南州、黔东南州、黔南州六地律师协会联合举办的2020年度申请律师执业实习人员培训班,9月19日在历史名城遵义开班了。本次培训按照全国律协《申请律师执业人员实习管理规则》以及全国律师协会制定的集中培训大纲的规定,结合我省律师发展和实习律师的实际情况进行。六地实习律师齐聚遵义,气氛热烈,希望为期7天的学习交流,对你们即将开启的律师执业生涯是一个良好的开端。

本次集中学习内容包括中国特色社会主义基本理论和社会主义法治、律师制度和律师的定位及其职业使命、十九大及十九届四中全会精神、律师职业道德和执业纪律、律师实务知识和执业技能、律师执业管理规定等。大家要充分认识到这次培训的重要性和必要性,杜绝“人在心不在、心在神不在”的不良状态。为了本次培训能取得实效,培训学员能学有所知、学有所获、学有所得,下面我提4点要求。

一、认识到位,政治素养方面要有提高

随着社会主义法治建设进程的加快,律师队伍

不断壮大,就我们贵州省的律师在 2020 年 7 月 24 日已突破万人。党和国家很重视律师这支队伍,把律师从过去的社会工作者提升到依法治国的建设者位置上,建设一支思想坚定、政治过硬的律师队伍成为当前形势的必然。律师的角色定位在悄然发生变化,律师参与地方立法、重大行政决策,参与突发事件、群体事件处置,参与国企改制、招商引资,参与项目建设、征地拆迁等重大事务,助推地方经济社会发展;律师参与普法工作,参与矛盾纠纷调解,参与群众接访工作,参与涉法涉诉信访案件化解和代理工作,参与扫黑除恶专项斗争、刑事辩护全覆盖、法律援助等工作,维护社会和谐稳定。今天的律师与过去已经不可同日而语,律师已经成为法治中国、法治社会、法治政府建设的一支生力军。

党的十八大以来,党中央对律师工作和律师队伍建设提出了新的更高要求,十八届三中全会把改革完善律师制度作为全面深化改革的重要内容,十八届四中全会报告 15 句话 30 次提到律师,把发展律师等法律服务作为重大部署。习近平总书记指出,律师队伍是依法治国的一支重要力量,要切实加强律师工作和律师队伍建设。大家知道,2020 年 5 月 28 日十三届全国人大三次会议通过了我国的第一部《民法典》,习近平总书记在 5 月 29 日主持中央政治局第 20 次集体学习时指出:充分认识颁布实施民法典重大意义,依法更好保障人民合法权益,充分发挥律师事务所和律师等法律专业机构、专业人员的作用,帮助群众实现和维护自身合法权益。大家注意到没有,律师事务所和律师"等"在里面,而其他专业机构"等"在了外面,这说明,总书记对律师事务所和律师寄予厚望,对《民法典》的宣讲,律师使命光荣、责任重大。

十九届四中全会专门研究了坚持和完善中国特色社会主义制度、推进国家治理体系和治理能力现代化的若干重大问题。司法部要求全系统学习十九届四中全会精神,要切实提高政治站位,增强"四个意识"、坚定"四个自信"、做到"两个维护",要自觉在以习近平同志为核心的党中央的坚强领导下,忠诚履职尽责、创造性开展工作,奋力承担起推进全面依法治国,建设中国特色社会主义法治体系、建设社会主义法治国家的新使命新任务,为坚持和完善中国特色社会主义制度、推进国家治理体系和治理能力现代化不懈奋斗。为深入学习贯彻十九届四中全会精神，2019 年 12 月召开了全国市域社会治理现代化工作会议，对市域社会治理进行安排部署。这两次会议对律师工作都有很重要的意义，律师队伍是社会治理的一支重要力量，律师工作是社会治理工作的重要组成部分。律师要站在法治国家、法治社会建设的高度来思考，无论把律师当作职业还是事业，律师工作都是为了维护当事人的合法权益、维护公平正义、维护法律正确实施。作为法律人，我们要明白，法律的最终目的是维护社会秩序的稳定。

作为律师我们要清醒，我们生活在什么国度，我们生活在什么时代，只有这样，你才能清楚你的执业大背景。牢固树立中国特色社会主义理想信念，坚决拥护中国共产党领导，坚决拥护社会主义法治，这是对新时代中国律师的基本要求。初生牛犊不怕虎，年轻律师有朝气、有干劲值得肯定，但很多年轻律师更多的是关注如何改变执业现状和增加经济收入，而很少去关注国家大政方针及经济发展层面对律师的不断要求甚至是对律师行业的影响。面对执业“瓶颈”，个别律师往往会剑走偏锋，破坏法律职业群体的公信力，对律师群体造成严重的社会危害。作为过来人，我理解新执业律师的艰辛。对想有所作为的律师来说，既要谋生又要谋道。首先是谋生，也就是先立足，只有生存下来才能谈发展；其次是“谋道”，律师要信仰法律、敬畏法律，担当社会公平正义责任，关心行业发展，热心公益事业。“谋道”与“谋生”是相辅相成的，要以“谋道”之精神“谋生”，在谋生时要在每次接待当事人的咨询、每个案件的办理中信仰法律、敬畏法律、宣传法律，坚守律师职业操守，同时要考虑勇担社会责任，助推律师事业发展，自觉为法治中国建设贡献自己的一切。

二、思考到位，能力水平方面要有提高

集中培训是一种重要的学习方式，大家要有充分的思想准备，这次培训不是走过场，而是一次高强度的培训。这次培训我们采取了老师授课、学习讨论、模拟仲裁庭、学习沙龙、学习心得和考核相结合的方式，邀请的老师都是有着丰富经验的。这次课程的设计和老师的安排与以往都不同：第一，我们安排了 18 位老师讲授 18 门课程，可谓安排紧凑，内容丰富，老师阵容庞大，他们要么是业界的

成功者,要么是业界脱颖而出的优秀青年律师;第二,我们邀请了遵义市委党校副校长谢以佐教授专门为大家解读十九届四中全会精神,谢教授是著名的专家,有深厚的政策理论功底,经常为领导干部讲课;第三,我们邀请了赵青杭和杨青两位省外的青年才俊为大家分享,他们都是优秀的青年律师,在业界成绩斐然;第四,仲裁作为一种处理民商事纠纷的方式,我们第一次在实习律师培训中开设模拟仲裁庭,这次为模拟一个仲裁简易庭和一个普通程序有仲裁反请求的庭,有 8 位同学将实际参与到仲裁案件的代理中;第五,我们会用一个晚上举办一个沙龙活动,邀请律师、法官、检察官同台为大家分享不同视角下的民商事案件再审。作为培训组织者,我们希望在短短的 7 天给大家来一次头脑风暴,学习更多的知识,开拓更宽的视野,掌握更多的技能,借鉴更多的方法,让大家对这一次实习律师培训终生难忘。大家一定要结合学习认真思考,在以后的执业生涯中怎样去学习?怎样去分析问题?怎样才能找准定位?怎样才有提升?大家加入到贵州律师行业里来,给贵州律师业带来了新鲜血液,同时也提醒大家,律师行业竞争也是非常激烈的,这些年,律师专业化的趋势越来越明显。大家要不断加强学习,要养成学习的良好习惯,常学常新、常学常思,跟紧时代步伐,只有这样才能立于不败之地。

三、身心到位,纪律意识方面要有提高

本次集中培训,是大家开启律师执业生涯前的最后一次。大家放下手里的工作来到这里学习,特别是其他几个地、州(市)的实习律师,来学习就应该带着成果回去,否则就是浪费你自己的时间,浪费省律协及各地、州(市)律协全体工作人员的时间。既来之则安之,我们这次培训制定了严格的培训纪律,全体培训人员按坐序图入座,不得提前退场,学习期间有工作人员巡查出勤,凡签到空缺一次或巡查空缺一次的,不予颁发《实习人员集中培训结业证书》。大家不要一天的培训中两头在中间不在,不要和工作人员捉迷藏,不能抱侥幸心理,更不能人在心不在,在这里作一项纪律来要求,所有参训人员不得在老师授课期间玩手机,要注重学习效率。希望通过这次培训纪律的强调,对大家养成规则思维有所帮助。

律师是法律人，我们经常说法官、检察官、律师是法律职业共同体。这个话，法官、检察官不常讲，律师经常说，为什么？因为律师是私权利的维护者，手中没有公权。法律人就要有法律思维，法律思维包括规则思维、权利思维、程序思维、终局思维、预期思维、权威思维，排在首位的是规则思维。规则思维要求凡事讲规则，大家都知道苏格拉底的故事，当他被雅典陪审团以亵渎神明、败坏青年的罪名判处死刑后，他的朋友买通了监狱主管，想帮他越狱逃生，他拒绝了，为什么？他说，整个审判是完全依据雅典法律程序进行的，因此判决具有法律效力，即使我不同意这个判决，也得服从。本来这个判决在我们看来就已经错了，给法律造成了伤害，如果我逃跑了，会对法律造成更大的伤害，如果人人都这样，法律的权威就会荡然无存，整个社会秩序也会随之解体。苏格拉底把对待这场死刑的态度总结为一句话，“守法即正义”，这就是规则思维，规则是维护秩序的核心。

律师在执业过程中，会有很多规则要遵守，在《律师事务所管理办法》和《律师执业管理办法》中有具体规定，我们这次培训有一节课就是讲这方面的内容，有些律师刚执业没几年就被吊照，很可惜。律师行业整顿老生常谈的私下收费问题，刚执业的律师容易犯，如果加上一些有意无意的口头承诺搞关系，有的律师认为自己是为揽业务，做点虚假广告，没有什么不得了的。各位想过没有，一旦有证据，比如被录音，麻烦很大，如果没有搞关系，可能被指控涉嫌诈骗罪，如果去行贿了，可能涉嫌行贿罪。2020 年 6 月马鞍山市中院刑事审判庭副庭长被判刑，22 次受贿中，有 7 次是律师送的，这 7 名律师都将面临处罚。我们都说律考、司考、法考不容易，我们要珍惜啊。律师要遵守规则，避免风险的最好办法就是要遵守行业规则。全国律师协会每月有一次新闻发布会，每次都会通报对违规违法律师处罚的情况，因搞关系被处理甚至吊照的不少。希望大家执业以后能坚守规则意识，严格遵守职业道德和执业纪律，守住执业底线，不该做的绝不做，不能蹚的绝不蹚，为自己的执业生涯把好关键的一关。

四、交流到位，团结友爱方面要有提高

有缘千里来相会，大家能聚在一起不容易，在学习期间要多交流互动。集中培训既是一个学习的平台，也是一个交友的平台。在这次学习中，我们将500余名学员6个市州打乱划分成10个小组，分别建立微信群，就是希望大家可以互动交流，增进友谊，在交流互动中碰撞出火花。天下律师是一家，我们都在贵州，今后相互间一定会有很多的合作机会。现今，律师行业出现了很多新的业务领域，单打独斗的律师执业模式逐渐被律师间合作模式所代替，律师之间要精诚合作、求同存异、融洽相处、共图发展，开拓更广阔的合作空间。

总之，希望各位既来之则安之，静下心来学习，切实做到"四到位四提高"。律师的职业特点决定，学习是伴随律师终身的事。希望大家把本次培训作为自己进入律师行业的一个新起点，调节好起跑器，不断地积蓄力量，奔向美好的未来！

坚持“三个导向”，确保学习教育活动取得实效

遵义市司法局和遵义市律师协会部署安排的律师行业集中学习教育活动，已经开展两个多月了，各县、区（市）司法局认真履职，先后动员部署、督促检查，各律师事务所积极开展集中学习、自查自纠，取得了一定的成效。2020 年 8 月初，市律师行业开展集中学习教育整顿活动，各督查小组分别到各县、区（市）开展督导检查，从反馈的情况看，总体是好的，但还存在不少问题，普遍存在对活动开展的意义认识不够，没有从思想深处思考为什么要开展集中学习教育活动，对如何开展自查自纠认识不到位，有的律师事务所和律师还存在走过场现象等问题。

按照方案，本次活动分为五个阶段，还剩下督导检查和整改提高两个阶段。如何开展好下面两个阶段的工作，顺利完成集中学习教育活动任务？从本次督查的情况看，集中学习教育活动的导向很重要，导向是行动的指引和方向。要确保集中学习教育活动取得实效，必须坚持 3 个导向，即坚持问题导向、目标导向、结果导向。

坚持问题导向，认真查找问题。问题导向是从目前律师事务所和律师存在的问题出发，作为深入学习教育活动的切入点，明确哪些工作做得还不够好。在本次督查中发现，不少律师事务所和律师不知道该怎么查找问题，有的律师事务所就是让律师

统计一下近3年案件是否登记，是否交费等。这样理解查找问题太过狭隘，说明我们有的律师事务所没有认真学习《遵义市律师队伍集中学习教育整顿活动实施方案》。本次集中学习教育整顿活动重点要解决的问题，在实施方案中已经明确：一是政治思想教育方面，二是依法诚信执业方面，三是律师事务所管理方面，四是律师执业监管和服务方面。各律师事务所和律师要围绕上面四个问题，认真对照，认真查找。在政治思想教育方面，律师事务所对党建工作认识重视程度够不够，律师事务所是否定期开展政治学习，律师事务所和律师对专项活动、公益活动开展认识到不到位，律师事务所和律师是否缺乏责任感、使命感等，这些都是需要查找的问题。在依法诚信执业方面，律师事务所和律师是否存在不诚信的情况，是否存在片面追求经济利益忽视社会效益的情况，是否存在律师代理(辩护)案件不尽职的情况，在扫黑除恶专项斗争中是否有执业理念偏差、程序不规范的情况，律师事务所负责人、合伙人、党员律师是否充分发挥依法、诚信、规范执业的引领示范作用等。在律师事务所管理方面，律师事务所规章制度是否健全；律师事务所的各项制度是否落实到位，是否存在不统一收案、不统一收费、不开具发票的现象；律师事务所内部管理是否松懈；面对新形势，律师事务所是否具备创新管理意识等。在执业监管和服务方面，主任是否认真履职，律师事务所是否给律师缴纳社会保险，律师事务所对律师的管理是否松解，律师事务所函件、卷宗管理是否规范等。

坚持目标导向，认清整改目的。目标导向是从律师事务所和律师发展的未来出发，谋划律师事务所和律师的长远和整体的工作思路，强调下一步律师事务所和律师应该做什么。开展律师队伍集中学习教育整顿的目的，遵义市司法局汪立局长在2020年6月20日部署动员大会上的讲话中已明确指出，一是着力加强律师队伍思想政治建设，二是着力增强律师法律专业水平，三是着力提升律师职业操守，四是着力规范律师执业行为。各律师事务所和律师要围绕四个“着力”开展下一步的学习和整顿，要问一问通过学习整顿，律师在思想政治认识上是否得到提高，法律专业水平上是否有提升，职业操守是否有增强，执业行为是否规范。这四个方面是各律师事务所和律师在前行的道路上需要不断追问的，必须始终坚持，这是律师作为新时代中国特色社会主义法治工作者的必然要求。思想政治建设问题,是一个永恒的话题,律师要牢固树立中国特色社会主义理想信念,坚决拥护中国共产党领导,坚决拥护社会主义法治。通过学习,律师要深化对中国特色社会主义的政治认同、思想认同和情感认同,律师要自觉抵制敌对势力对我国社会主义司法制度的攻击,坚决抵制西方一些错误司法观点、法学观点的影响,增强政治意识、大局意识、责任意识。法律专业水平的提高是一个长期的过程,律师事务所和律师要不断适应新形势的需要,坚持走专业化道路。律师职业操守要求律师要严格遵守“忠诚、为民、法治、正义、诚信、敬业”的职业道德,为当事人提供勤勉尽责、诚实守信、优质高效的法律服务,维护当事人的合法权益。规范律师执业行为就是要通过教育整顿,让律师牢固树立纪律观念,恪守执业边界,注重执业自律,严格依法行使执业权利。

坚持结果导向,提升党委、政府和人民群众的满意度。结果导向是以推动律师事业发展,以党委、政府和人民群众对律师工作的满意度作为谋划和推动工作开展的根本评判依据,关注的是活动取得的成果究竟怎么样。律师制度恢复重建 41 年来,遵义律师行业和全国一样取得了长足发展进步,律师队伍不断壮大,律师整体素质明显得到提升,律师服务领域不断拓展,律师在遵义经济社会发展民主法治建设中的作用发挥不断增强。十八大以来,遵义律师快速发展,目前遵义市有律师事务所 117 家,律师 1488 人,律师万人比到达 2. 36。近几年来遵义市律师协会“内强素质、外树形象”,着力建设律师之家,团结带领广大律师围绕中心服务大局,得到党委、政府的肯定和绝大多数律师的认同。律师协会的影响力不断增强,律师在社会生活中的地位不断提高,律师社会关注度和影响力持续扩大,这是市司法局党组的正确领导、省律师协会的亲切指导和广大律师辛勤劳动的结果。这次教育整顿活动,各律师事务所和律师要清醒认识到这些成绩惜来之不易,要倍加珍惜,要以党委、政府和人民群众对律师工作的满意度为工作开展得如何的评判标准,站在新的起点,为遵义法治建设和社会经济发展做出遵义律师应有的新贡献。

(本文原载《遵义日报》2020 年 9 月 23 日)

律师、法律和底线

——写在“两拥护、两忠于、守底线”活动中

一

“两拥护、两忠于、守底线”活动开展已经一个多月了，协会与市局联合检查组近期检查了两个事务所的学习情况，反差很大。前一个所，从材料看，先是成立领导小组，又是召开动员会，还邀请领导参加，很是重视；后一个是今年成立的新所，没有领导小组，连续四周开会学习讨论，有记录。前一个所，厚厚的汇报材料，认真看了，在几十份心得中复制出来的不少，只是改了执业年限，其余标点符号都完全一致；后一个所，认真结合学习内容与实际执业中遇到的问题进行讨论，如当事人问能否包打赢、与法官关系好不好等该如何处理。

很显然，在前一个所，活动被认认真真走过场了；在后一个所，将活动结合工作实际，解决执业中经常会出现的问题，律所形成共识。

在协会工作 14 年，参加过无数次检查，我当然知道，前一个所的情况不是少数，后一个所的情况不是多数。

二

为什么要搞这一次学习活动？有必要吗？

现阶段正处于经济社会改革攻坚阶段和社会矛盾凸显期，维护社会稳定工作面临严峻形势。在经济体制深刻变革、社会结构深刻变动、利益格局深刻调整、思想观念深刻变化、各种文化思潮相互激荡的大背景下，西方一些错误的政治观点、法学观点，社会上存在的拜金主义现象等，不可避免对律师行业带来消极影响，少数律师的行为与律师职业肩负的维护法律正确实施、维护公民合法权益的社会功能背道而驰。

君不见，在32万人的律师队伍中，职业道德缺失，服务为民、维护正义等正确的理想信念和诚信服务意识淡薄，片面追求经济利益，商业化倾向日趋严重的律师有之；责任感不强，不能恪尽职守，工作敷衍了事，甚至拿钱不办事的律师有之；靠说大话收取代理费，对当事人作出不负责任的“包胜诉、包放人、包无罪”等“三包”承诺的律师有之；以诋毁同行、支付介绍费、做虚假广告等手段进行不正当竞争，扰乱法律服务秩序的律师有之；运用熟练掌握的法律规范，巧妙唆使或者帮助当事人逃避法律，让当事人获得不当利益，甚至在诉讼过程中帮助当事人毁灭、伪造证据、妨碍诉讼的律师有之。

不可否认，从深层次上看，这些问题的存在，表明有的律师道德失范，服务意识缺失，执业观念错位，影响了整个律师队伍的社会形象。

该如何从中吸取教训，引以为戒，筑牢防线，进一步增强工作的责任感、使命感，坚定党对律师工作者的领导，进一步端正律师的职业理念，从而提升执业素质和服务能力？

这是每一位律师应该思考的问题。

这是学习活动要需要解决的问题。

三

有的律师把执业当谋生手段，有的律师把执业当事业追求，人各有志，不可强求。然而我们在这片土地上生活，都不能忘记历史，特别是不能忘记近现代历史。前几天我陪同厅领导参观强制戒毒所，在毒品教育基地，看到虎门销烟的场景，联想到那时贫穷落后的中国，中国落后了，中国挨打了，中国人成了“东亚病夫”。“华人与狗不得入内”，中国人在自己的土地上毫无尊严。从过去到现在，一路走来，我们应该问一问，漫漫长夜，是谁带领中国人民赶走强盗，站起来了；是谁带领中国人民从过去的贫困生活中富起来了；是谁带领中国人民在这地球村找回了中国人的尊严。

从历史看，一个政党的领导地位是不能自封的，得由历史和人民说了算。从成立时只有几十个党员的政党到今天成为执政党，领导14亿人民，这是中国近代历史的选择，这是中国人民的选择。作为一个党外人士，对此我没有怀疑过，也没有动摇过。

律师吃的是法律饭，对法律该有起码的尊重，自然清楚宪法的地位，中国共产党的领导早已经写进宪法，作为法律人的律师还有什么理由不坚持呢？

四

法律与政治有着天然的联系，决定了律师必须关心政治。

在人类漫漫历史长河中，政治与法律相互影响，相互促进，共同促进了我们的社会发展。它们从未彼此独立，而是交织在一起。法律与政治互相依存、互为前提。法律与政治的界限是相对的，它们之间互相渗透，政治中包含着法律，法律中又包含着政治。法律和政治相互贯通，在一定条件下，他们可看作是一体的。法律问题，在一定条件下，可以上升为政治问题，如果某种行为触犯到了国家的政治制度的问题，那么就不仅仅是法律问题了，而是政治问题了。凡是触犯到了一个国家政治制度的问题或行为，都将被绳之以法。

律师必须明白，我们在什么样的社会制度中生存和发展，这个社会制度是怎么来的。中国律师制度始于清末，在这片土地上，三次消亡，三次复生。一百多年前，沈家本、伍廷芳推动，遭到张之洞等重臣的阻击；1912年孙中山就任临时大总统，伍廷芳为司法总长，竭力推进，律师制度正式建立；60多年前律师制度连同支撑制度的《六法全书》遭到彻底废除；1954年宪法诞生，律师制度在新中国复出；1957年反右运动中律师制度再次夭折；经过20世纪70年代末的“拨乱反正”，律师制度在中国恢复和重建。这就是为什么律师会作为新社会阶层代表人士的重要组成部分。

更何况，政治与经济是相辅相成的，作为服务经济社会发展的律师，不了解政治，还谈什么服务？当前正处在全面建成小康社会的决胜阶段，改革发展稳定任务繁重，特别是抓好去产能、去库存、去杠杆、降成本、补短板五大任务还面临着不少困难和挑战，这对律师来说就是新的机遇。

五

在世界上任何一个国家，律师职业都不是无边的，都有自己的行为边界。中国律师不可能例外。

边界的原意是领土单位之间的一条界线，国家之间或地区之间的界线。人是社会的人，人的行为是有边界的。在社会生活中的任何自然人、法人、单位、团体都有边界。律师也不例外，孟建柱书记说，“律师身份不是践踏法治的‘护身符’，任何国家都不会因为有的人有律师身份就允许其从事违法犯罪活动”。

有的律师说，律师是自由职业，想怎么都行。我只想说一句，律师是法律专家，当然清楚身体所有权由自身所支配，公权力不应过度干预，但身体自由应有一定边界。

律师职业的行为边界是什么？孟建柱书记在2015年全国律师工作会上概括为：一要遵守宪法法律，二要忠于事实真相，三要严守执业纪律，四要坚持谨言慎行。

这就是律师的职业底线。

（本文原载2018年《中国律师网》）

遵义律所应往何处去?

——省律协副会长、市律协会长
令狐兴中谈律所发展

贵州抱一律师事务所的一体化建设发出了新的声音,让我感到遵义律师行业不再如以往一般死气沉沉。下面我结合抱一所在发展中出现的问题,简要谈几点意见。

一、全国律所发展的形势

自1979年律师制度恢复重建以来,中国律师经历了近四十年的发展变化。经济社会发展到今天,中国律师到底应该怎样发展?在我看来,如今的中国律师已经走向了世界的关口。

2017年5月15日,刚刚闭幕的"一带一路"国际合作高峰论坛上,中国再次得到了世界人民的刮目相看。国家主席习近平在论坛开幕式上的主旨演讲中,强调坚持以和平合作、开放包容、互学互鉴、互利共赢为核心的丝路精神,携手推动"一带一路"建设行稳致远,将"一带一路"建成和平、繁荣、开放、创新、文明之路。中国再次成为世界瞩目的焦点。

随着经济全球化的不断深入,律师业务也将不断发展,并深入经济社会的每一个角落。而随着法治化程度的不断提高,2017年,党中央也对律师行业进行了深入、细致的思考。4月21日,在司法部

召开的第一次律师工作联席会议上，成员单位除传统的公安、检察院、法院、司法以及国家安全部、中华全国律师协会等部门外，更列入了外交部、财政部、商务部、国家税务总局等相关部门。而遵义也建立了相应的联席会议制度。近日，司法部出台3项政策，进一步扩大法律服务对台开放。

在这样的大背景下，我们看到，今天中国的律所建设逐渐出现了以下模式。

一是大所越来越大。2015年11月10日，大成律师事务所和Dentons律师事务所正式启动合并，合并后的大成所如今有120多个分所，拥有逾6600名律师，服务于50多个国家。同时，盈科、泰和泰、金杜等律所也在不断扩张。二是集团形式出现。如京衡、中豪、国浩等律所纷纷成立集团，增强了资源整合能力。三是联盟形式出现。如盈科全球律师联盟、中世律所联盟等，增强了业务交流与资源共享能力。四是大所中独立团队模式作用凸显。独立团队自负盈亏、自主经营，具有很强的灵活性与战斗力，甚至有的与部分律所相比更具优势。

我们必须对全国的行业发展形势有所了解，否则，谈律所发展只能是盲人摸象。

二、律师、律所展业的几种模式

在竞争日益激烈的情况下，中国律师界展业情况也有些乱象丛生。在这样的情况下，怎样从乱象中找到一个适合自己的展业模式十分关键。我认为，目前有四种较为成熟且效果明显的展业模式值得借鉴。

一是写文章，树专家形象。通过著书立言建立品牌、拓展业务、提升形象的例子比比皆是。这一模式的好处是，一篇好文章可以让读者茅塞顿开，并对作者产生浓厚的兴趣，同时在读者心中树立起专家形象。

二是可视化诉讼，也称天同模式。这一模式一度风靡中国。通过教导、分享等方式实施展业行为，也能牢固树立专家形象，并为客户提供优质的律师产品服务。

三是加入商业协会。众所周知，如今赚钱的行业都有自己的商会。律所以此为切入点,成功加入一些行业商会组织,是接近目标客户的有效手段之一,也能获取不错的展业效果。同时,以行业划分进行展业,也能更好地完成专业化建设。

四是论坛模式。通过不断地举办论坛、研讨会等形式,能够充分整合律界资源,并为律所、行业发展成功加入传媒力量。

三、遵义市律师业现状

在我看来,遵义律师业的发展可以这样总结:貌似发展不错,实则令人担忧。截至目前,全市共有 73 家律所,2016 年年底,全市律师行业收入才刚刚过亿。而在重庆,仅 2016 年就有 3 家律所创收过亿。如今已进入高铁时代,渝黔高铁建成通车后,重庆距离遵义仅有 1 小时车程,贵阳仅半小时,外地大所的介入势必引起全市律师行业的竞争加剧,这一问题值得遵义律师行业深思。

目前,遵义律所的表现可谓"新所不断,强所不见;大所难大,小所越小;数量不少,质量待考",这些年没有事务所之间合并,只有从事务所中分离;而部分律师也存在"小富即安,夜郎自大;没有创新,停滞不前"的种种问题。

时任贵州省委书记陈敏尔在中国共产党贵州省第十二次代表大会上的报告中强调,"打破"才能得生机,创新就会有前途。面对越来越严峻的外部环境,只有不断创新,遵义律师行业才能在今后的竞争中不断发展,才能真正找到"遵义律所应往何处去"的答案。

四、对抱一所发展提几点建议

一是要找准抱一定位,挖掘抱一文化内涵。所谓文化,大致包含精神和价值观念、语言和符号、规范和体系、社会关系和社会组织、物质产品等几个方面。优秀的律所、团队必须有自己的文化,要在树立先进理念、创新制度体系、增强领导自身素质以及长期坚持文化建设等方面下功夫。"抱一"二字,出自《道德经》第十章,原文是:"载营魄抱一,能无离乎?专气致柔,能如婴儿乎?涤除玄鉴,能无疵乎?爱民治国,能无为乎?天门开阖,能为雌乎?明白四达,能无知乎?生之畜之,生而不有,为而不恃,长而不宰,是谓玄德。"那么,抱一所能否围绕"玄德"做文章?能否结合阳明文化等本土文化提炼出抱一所独有的文化内涵？

二是要处理好目标和现实的关系。愿景是美好的，现实是残酷的，如何在残酷的现实中实现美好的愿景，必须要靠实事求是、脚踏实地。在对远期目标确认后，要对目标进行细化，分阶段、分步骤实施，一步步走向成功。

三是引进人才、培养人才、建立团队。合伙人是律所的财富，人才是律所的根本。要建立完善引进人才、培养人才的机制，制定人才递进计划，做好人才的储备、培育工作。抱一所要做一家商事方面的专业化所，必须围绕商事诉讼培训人才、引进人才，没有专业人才，什么都无从谈起。

四是建立科学分配机制留住人才。科学的分配机制是留住人才的关键，要建立起合理的分配制度，科学的计量标准，结合已经成熟的公司化、一体化律所经验，既要体现按劳分配，又要综合考虑律所发展。

五是扩大宣传，做大抱一，领军遵义。作为全市第一家公司化律所，市律协对抱一所寄予了厚望，抱一所的发展，一定要在"新、特、奇"上下功夫。制度要新，特点鲜明，出奇制胜。在宣传上要进一步加强，要充分利用各种媒体形式，学会打"组合拳"。

最后，希望抱一所敢为人先、不畏艰难、奋发图强，为全市律所发展探索出一条成功的新路。

（本文原载《遵义律师》2017 年第 3 期）

心怀信仰　责任在肩

感谢全国律协，让遵义律协有幸通过全国律协例行新闻发布会平台介绍相关工作。在此，我谨代表遵义律协向长期以来关心、支持遵义律协及遵义律师发展的社会各界表示衷心的感谢。下面，我向大家简要介绍一下遵义律协编制《遵义律师社会责任报告》的有关情况和报告的主要内容。

遵义是一座转折之城，遵义之名出自《尚书》“无偏无陂，遵王之义”，意在遵循贤哲先王的教导，行为要端正，做事不要有偏颇。正是秉承这种精神，自 1981 年遵义恢复重建律师制度以来，伴随国家改革开放的步伐，在党的十八大、十九大精神的指引下，遵义律师事业顺风扬帆，蓬勃发展。从 2012 年起，遵义律协两年编制并发布 1 次《遵义律师社会责任报告》，现已发布 3 次。

我们希望通过《遵义律师社会责任报告》的发布，进一步增强遵义律师履行社会责任的使命感，充分展示遵义律师履行社会责任的精神风貌，发挥律师队伍在全面建设小康社会、全面依法治国中的重要作用，促进新时代全市律师事业持续健康发展。

《遵义律师社会责任报告》分为“遵义律师行业发展概况”“服务遵义经济社会发展”“服务遵义法治建设”“服务平安遵义建设”“服务社会公益事业”“结束语”五个篇章，聚集遵义律师履行社会责任方面的典型事例，阐述遵义律师在推进服务经济发展、积极参政议政、助推法治建设、维护社会平安稳定等方面的重要作用。

一、展示遵义律师日新月盛的发展面貌

1981年至1985年，经贵州省司法厅考核授予遵义9人律师资格，在这片红色土地上，遵义律师事业自此开启了发展的新征程。十八大以来，其日新月盛的发展面貌更为凸显。

2012年至今，遵义市律师事务所从37家发展到105家，律师人数从385人增加至1361人，7年间，律师人数增长了近4倍。其中，2017年至2018年两年间，律师事务所及执业律师人数增幅分别为29%、47%。2014年，遵义市第五次律师代表大会召开，会议选举专职律师担任第五届理事会会长，实现律师协会会长由司法行政领导兼任到执业律师担任的转变。在往届理事会工作奠定的坚实基础上，遵义律协工作高速运转，全市律师的凝聚力和向心力进一步增强。律师队伍的全面发展为遵义经济社会发展提供了高效优质的法律服务，人民群众和社会各类主体日益增长的法律服务需求逐步改善。全市律师7年来累计办理刑事、民事、行政等诉讼案件八万余件，办理非诉讼法律事务八千余件，累计担任党政机关、企事业等单位常年法律顾问七千余家次。

在各级党委的领导下，全市律师工作始终坚定正确政治方向，不忘初心、牢记使命，全市律师行业党建工作实现"全覆盖"。2012年以来，党员律师从106人增加到425人，现有1个行业党委，1个行业党总支、20个律师事务所党支部、10个联合支部，党建规范化建设深入推进。与此同时，一批行业标兵涌现。如2017年4月，令狐兴中律师荣获"全国司法行政系统劳动模范"称号，成为全省司法行政系统唯一获此殊荣的法律服务工作者；2018年1月，贵州子尹律师事务所党支部书记胡良刚荣获司法部"新时代最美法律服务人"称号；2018年，贵州名城（桐梓）律师事务所党支部被确立为全省唯一一家全国律师行业先进党建工作直接联系点。

二、彰显遵义律师服务社会发展的奋斗精神

律师事业发展与国家发展休戚与共，律师作为建设法治中国不

可或缺的重要力量，肩负着独特的社会责任和职业使命。为此，遵义律协积极引导律师将个人理想融入中国特色社会主义共同理想之中，将个人奋斗融入实现社会主义现代化的共同奋斗之中。

服务遵义经济社会发展。遵义律师围绕市委、市政府经济工作目标任务，围绕高质量发展要求，突出在三大攻坚战、三大战略行动等方面，积极为党委、政府和各类市场主体提供法律咨询和法律帮助。如服务重大工程项目方面，全市律师参与重点工程、重大项目建设，有针对性地深入重点工程建设单位管理环节，帮助项目业主解决生产经营中遇到的法律问题，帮助企业防范风险，扎实有效地为重点工程项目建设提供法律服务。与之律师事务所近年来为北海路、昆明路、苏州路、渝黔铁路等市政府重点征收项目提供专项服务；贵遵律师事务所先后组织律师团队，深入到贵州彩阳集团、贵州森航集团开展法律体检活动，为企业的发展开出法律"处方"，提供法律建议；牧心律师事务所承接了汇川区上海路道路改扩建工程项目征收法律服务工作及红花岗区毛主席住居棚改等棚户区改造项目。

服务平安遵义建设。制定《遵义市律师参与化解和代理涉法涉诉案件工作实施方案》《遵义市律师协会参与化解和代理涉法涉诉案件工作操作规程（试行）》《遵义市律师协会关于律师办理黑恶势力犯罪案件的操作指引》等工作制度，全面参与涉法涉诉信访、扫黑除恶专项工作。为总结经验，更好地推进涉法涉诉工作，遵义律协出版了《遵义律师——2017 涉法涉诉专辑》。

服务遵义法治建设。制定《遵义市律师协会担任政府法律顾问工作指引》，引导律师参与立法和参政议政。全市律师担任省、市、县（区、市）三级"两代表一委员"从 2012 年的 18 名增加至 54 名。履职期间，遵义律师积极建言献策，彰显了强烈的社会责任感。遵义律师参政议政工作成为红色名城中的耀眼"律"色。

服务社会公益事业。制定《遵义市律师协会关于律师参与脱贫攻艰工作的实施方案》《遵义市律师协会扶贫基金管理制度》等，引导全市律师积极投身脱贫攻坚伟大实践。参与《法治遵义》之"律师维权"等法律服务活动，深入村居多元化开展法律宣传，倾情开展慈善捐助，全力推进法律援助工作。2012 年以来，全市律师办理法律援助案件2万余件。

三、明确遵义律师事业发展方向和目标

新时代呼唤新使命,新担当铸就新形象。《遵义律师社会责任报告》明确:全市律师将在党的十九大精神指引下,坚定地团结在以习近平同志为核心的党中央周围,不断增强实现中国梦的战略定力,强化“四个自信”,弘扬实事求是、追求真理、敢于斗争、团结民主的遵义会议精神,新时代把握新机遇,努力提升法律服务能力,积极承担社会责任,不断满足人民群众日益增长的美好生活需要,推动律师事业发展再上新台阶。

遵义律师积极履行社会责任,助力构建社会治理新格局,但这与各级党委、政府及广大人民群众的期望和要求还有差距。雄关漫道真如铁,而今迈步从头越。遵义律师将不忘初心、牢记使命,接续奋斗、砥砺前行,为法治中国建设贡献力量。

(本文为作者在2019年10月30日在中华全国律师协会新闻发布会上介绍《遵义律师社会责任报告》的发言稿)

遵义实践

遵义律师社会责任报告（2017～2018）

引　言

律师作为建设法治中国不可或缺的重要群体，肩负着独特的社会责任和职业使命。过去的两年，遵义律师立足新时代对律师行业的新要求，不忘为人民服务的初心，围绕“五位一体”总体布局及“四个全面”战略布局，统筹推进服务经济发展、积极参政议政、助推法治建设、维护社会平安稳定，全面履行律师社会责任。为展示近两年来遵义律师履行社会责任的精神风貌，充分发挥律师队伍在全面建设小康社会、全面依法治国中的重要作用，现发布《遵义律师行业社会责任报告（2017～2018）》。

第一篇　遵义律师行业发展概况

两年来，在各级党委的领导下，遵义市律师行业党委引领全市律师坚定正确的政治方向，切实增强“四个意识”、不忘初心、牢记使命，拥护中国共产党的领导、拥护社会主义法治，忠于祖国、忠于法律，律师队伍不断发展壮大，为遵义市经济社会发展提供高效优质的法律服务，人民群众和社会各类主体日益增长的法律服务需求逐步改善。

2017 年 11 月 25 日，中国共产党遵义市律师行业第一次代表大会召开，选举产生了第一届遵义市律师行业党委委员,遵义市司法局党组成员、副局长李黔阳任党委书记,会议安排部署了新时期遵义市律师行业党的建设工作,进一步增强了党对律师工作的领导。2018 年 8 月,遵义市律师党建工作现场会在汇川区召开,省司法厅党委委员、副厅长、省律师行业党委书记周全富,时任市人民政府副市长、公安局局长刘晓渝,遵义国家级经济技术开发区党工委书记、汇川区委书记姜世甫等领导出席会议,《遵义律师》2018 年第 4 期出版《遵义市律师行业党建工作专刊》。律师党建工作不断得到加强,党员律师从 281 人增加到 425 人,增幅为 51%。有 1 个行业党委,1 个行业党总支、20 个律师事务所党支部、10 个联合支部。

2017 年 4 月,遵义市律协会长令狐兴中荣获司法部、人力资源和社会保障部"全国司法行政系统劳动模范称号";2018 年 1 月,子尹律师事务所党支部书记胡良刚律师荣获司法部、全国律协、中央电视台等单位评选的"守望初心——新时代最美法律服务人"表彰;2018 年,名城(桐梓)律师事务所党支部被全国律师行业党委确定为全省唯一的党建工作联系点;2018 年 6 月,与之律师事务所等 7 家律师事务所荣获"2016～2017 年度贵州省优秀律师事务所",牟泰勇等 20 名律师荣获"2016～2017 年度贵州省优秀律师"称号;2018 年 1 月名城律师事务所律师王小芳当选贵州省第十三届人民代表大会代表。

两年来,市律师协会通过《中国律师》杂志、中国律师网、《贵州日报》、《遵义日报》、《遵义晚报》、遵义电视台、市律协网站、《遵义律师》杂志等媒体对遵义律师履行社会责任进行专题报道,充分展示了遵义律师助推经济社会发展、弘扬社会主义法治的风采。

截至 2018 年年底,全市律师事务所共有 92 家,其中合伙所 43 家、个人所 38 家、国资所 11 家;律师人数共计 1180 人,其中专职律师 876 人、兼职律师 12 人、公职律师 249 人、公司律师 31 人、法援律师 12 人。实习律师 203 人。两年来,律师事务所从 71 家发展到 92 家,执业律师人数从 801 人增加到 1180 人,增幅分别为 29%、47%。

第二篇　服务遵义经济社会发展

遵义律师围绕市委、市政府经济工作目标任务,围绕"高质量发展"要求,突出在三大攻坚战,三大战略行动等方面,积极为党委、政府和各类市场主体提供法律咨询和法律帮助。

一、服务重大工程项目

全市律师紧紧围绕市委、市政府工作大局,参与重点工程、重大项目建设,有针对性地深入重点工程建设单位管理环节,帮助项目业主解决生产经营中遇到的法律问题,帮助企业防范风险,扎实有效地为重点工程项目建设提供法律服务。如与之律师事务所近年来为市政府重点项目北海路、昆明路、苏州路、渝黔铁路等重点项目征收提供专项服务;贵遵律师事务所先后组织律师团队,深入贵州彩阳集团、贵州森航集团开展法律体检活动,为企业的发展开出法律"处方",提供法律建议;牧心律师事务所致力于打造西南地区行政征收专业法律服务团队,承接了遵义市汇川区上海路道路改扩建工程项目以及与其配套的干田坝、荷花池棚户区改造项目,以及遵义市红花岗区两中棚户区改造共计 9600 户被征收人的依法征收项目。

二、积极投身脱贫攻坚

遵义律师积极发挥职能作用,助力打赢精准扶贫攻坚战,紧紧围绕经济社会发展和人民群众需要,为更多困难群众提供及时便利、优质高效的公共法律服务。2017 年 5 月,市律协会长令狐兴中到道真仡佬族苗族自治县(以下简称道真县)洛龙镇鹰咀村开展扶贫帮扶工作,捐款 30,000 元;在脱贫攻坚工作中,各律师事务所积极参与,主动作为,如标博律师事务所开展脱贫攻坚"春季攻势"扶贫活动,针对汇川区团泽镇群兴村晏光全、晏光明两兄弟进行脱贫帮扶;舸林律师事务所党支部在全所集资近 20,000 元,专项用于开展精准扶贫工作;顺世律师事务所全所律师每人对接一个乡镇,为需要赡养的老人提供无条件上门服务;鸿志律师事务所全所律师对接村居，进村入户，每年如期给付帮扶的习水五中困难学生生活费，积极开展扶贫工作；乾锋律师事务所为桐梓县马鬃苗族乡一贫困户捐款11,000元，向红花岗区巷口镇中山村、遵义市红十字会贫困家庭重大疾病人道救助公益基金捐款16,000余元，吴显高、张虎两位律师免费为遵义市肢体残疾人协会担任常年法律顾问；2017年9月，子尹律师事务所向播州区影山湖街道教育发展促进会捐款10,000元；2018年，市律协组织律师事务所和律师向遵义红十字会贫困家庭重大疾病人道救助公益基金捐款110,000余元。2018年9月，杨继光律师因在脱贫攻坚工作中积极有为，荣获凤冈县委、县政府表彰的全县脱贫攻坚"优秀干部"称号。

第三篇　遵义法治建设

遵义律师围绕推动法治环境建设、法治政府建设、法治氛围营造，积极履行律师法律服务职责，充分展示出为"法治国家、法治政府、法治社会"建设贡献专业力量的能力。

一、参政议政能力提升

全市律师行业"两代表一委员"逐年增加。截至2018年12月底，全市共有54名律师担任省、市、区县(市)三级党代会代表、人大代表、政协委员，其中市党代会代表2人、区县(市)党代会代表2人，省人大代表1人、市人大代表4人、区县(市)级人大代表10人，市政协委员10人、区县(市)政协委员25人。在履职期间，律师行业"两代表一委员"积极参政议政，围绕社会热点、难点问题，建言献策，彰显了强烈的社会责任感，得到了各级党委、人大、政府和政协的好评。如省人大代表王小芳提交了《设立未成年人刑满释放后专门职业技术教育机构》的建议，由省教育厅主办，省司法厅、省监狱管理局会办；市人大代表黎治忠提交了《遵义市城市文明建设若干规定》的议案建议稿；红花岗区政协委员韩毅提交了《关于在红花岗区凤凰南路设立减速带的提案》；红花岗区政协委员胡兴丹任社会法制与联谊委员会副主任；刘安丽荣获2017年度正安县"十佳政协委员"荣誉称号，她还提交了《关于在正安电视一台增设法制栏目的建议》的提案,并就推进依法治理,建设法治正安为题,接受了正安电视台的采访;黄朝勇受市人大会常务委员会选派,参加全国人民代表大会常务委员会开办的第一期立法工作专题培训。《中国律师》杂志 2018 年第 3 期以“红色名城中的耀眼律色”专题报道遵义律师参政议政情况。

二、参与立法程度加深

参与立法工作是发挥律师专业优势,提高立法质量的重要途径,全市律师积极行动,参与地方立法工作。如他山律师事务所张毅律师参与市地方性法规《遵义市海龙屯保护条例》的起草工作;佳信律师事务所受市人民政府法制办委托起草《遵义市停车场管理办法》;与之律师事务所多次参与《遵义市装饰装修管理办法》《遵义市城乡规划管理技术规定》《遵义市主城区既有住宅增设电梯管理办法(暂行)》的立法论证会并提出修改建议,代为起草《遵义市查处违法建设条例》立法草案,多名律师参与上述地方性法规的咨询和论证工作。

在 2017 年 11 月召开的遵义市法学会第二届会员代表大会上,丁汉刚等 21 名律师当选为法学会第二届理事,王滢钦等 13 名律师当选常务理事,令狐兴中律师当选副会长;高晓萍、李瑛、胡良刚、罗孝堂、张毅、黄军平等 6 名律师被聘为市人大常委会第五届立法咨询专家;胡良刚律师被聘为市委依法治市工作领导小组决策咨询专家;山一律师事务所、他山律师事务所被选为市人大常委会“基层立法联系点”。

三、多元化开展法制宣传

广大律师利用自身的法律专业知识,深入机关、社区、学校、乡村、企业等开展法治宣讲,推动法治氛围营造。2017 年,市律协与市司法局联合下发《关于开展遵义市中心城区律师进社区服务活动的通知》,中心城区 38 家律师事务所先后到 67 个社区(村)开展法制宣传教育(以案释法)活动、举办法律讲座、接受群众法律咨询;协会各专委会和各律师事务所纷纷行动,多层次多样化地进行法律宣讲,如 2017 年 3 月,市律协、市工商联在绥阳县金城路一树药业绥阳省黔公司举行遵义律师“送法进企业法律知识讲座”活动；2018年4月，牧心律师事务所到红花岗区长江希望小学开展了法制教育进校园活动。2017年8月，宇辉律师事务所池泽江律师在遵义市优抚医院开展专题讲座；2017年10月，名城律师事务所王小芳、杨龙坤等26名律师到社区学校开展法制宣讲35场；2018年8月，子尹律师事务所霍媛律师先后为市工商联和绥阳县工商联进行宪法宣讲及企业刑事法律风险防范法律知识讲座等。

四、多层次参与法治政府建设

各级人民政府聘请律师担任法律顾问正逐渐普遍化、常态化和制度化，律师以政府法律顾问的身份，多层次参与法治政府建设，为推进依法行政与法治政府建设贡献了重要力量。2017年，市律协常务理事会通过《遵义市律师协会律师担任政府法律顾问工作指引》，引导律师紧紧围绕党委、政府工作大局，为依法行政提供法律服务。

两年来，全市律师为2335家行政机关、企事业单位担任法律顾问。律师担任政府法律顾问的主要服务内容是提供咨询、出具法律意见书、参与重大事项研究、参与重点事件研究等。如与之律师事务所按照市政府的要求，就长征电器八厂未改制职工要求补发生活费的问题、黔北商贸公司改制遗留资产权属办理的问题、遵义铝业与苟江投资增资扩股涉及的问题，参加相关会议10余次，并依法提出法律意见，得到政府的采纳和认可；山一律师事务所办理的遵义市播州区近200户拆迁户起诉县政府强制征收一案，经过耐心细致的工作和正确的引导，纠纷得到了圆满解决，实现了法律效果、社会效果的统一；重庆华升（道真）所参与道真县殡葬改革工作、道真县域内退伍军人参战待遇问题专题研究并提供法律咨询及专项处理意见等。

第四篇　服务平安遵义建设

在遵义社会经济发展的大潮中，市司法局、律协积极引导，广大律师主动参与，化解社会矛盾纠纷、维护社会稳定，为维护遵义社会和谐稳定起到了重要作用。

一、积极参与公共法律服务体系建设

全市律师充分发挥法律服务职能,主动融入公共法律服务体系建设,积极参与公共法律服务实体、网络、热线三大平台建设。市律协积极搭建法律服务中心平台,进驻参与市、区、县(市)法律服务中心和群众工作中心值班,免费接待现场涉法、涉诉咨询,搭建便民、惠民法律服务通道。在市司法局的安排部署下,市、区 22 家律师事务所与市、区 96 个社区居委会签订了法律服务协议,成立了社区法律服务工作室,在工作室公示了轮值律师联系方式和服务内容;广大律师走街串巷、访村入户,配合调解,提供法律咨询与法律援助,代理诉讼,开展法制宣传,逾 2.2 万人(次)得到法律顾问服务。法律顾问在村、社区换届选举,乡村治理,民生领域等方面的法律服务取得了显著成效,有力促进了基层民主自治和法治建设。如宇辉律师事务所指派律师对接遵义市播州区三合镇 12 个村,担任村集体法律顾问,分别兼任村法制副主任,指导村调解委员会工作,负责协助各村解答和处理村民法律事务;义遵律师事务所在上海路办事处 12 个社区居委会成立了法律服务工作室;上善律师事务所到各社区、村居接洽工作,并在街道办、村居的工作场所设立标牌标识,公布负责的法律顾问姓名及联系电话、工作职责,发放法律宣传资料,解答群众法律咨询;子尹(务川)律师事务所与务川县 15 个村签订了法律顾问合同,免费担任 15 个村居的法律顾问,接受上门、电话等免费咨询等。

二、积极参与涉法涉诉信访工作

市律协在全市律师中甄选参与化解和代理涉法涉诉信访案件专家律师,专家律师进驻政法机关和信访部门,化解了一大批信访疑难复杂案件。如贵遵律师事务所成功化解了一起时间跨度长达 22 年的涉法涉诉信访“老案”,通过律师的努力,信访人陈某某最终签订《息访承诺书》,终结信访请求和信访事宜;山一律师事务所参与并成功化解了在习水县社会影响强烈的温水镇女青年穆某服农药死亡事件;黔北律师事务所通过诉讼代理的方式,成功办理了仁怀市内涉及一方当事人人数众多的跨区域环保案件,化解了水库遭到破坏后导致无人畜饮水和农灌用水的250户、1500余名村民的信访案件，为村民挽回损失91万余元。2017年3月31日，遵义市涉法涉诉信访改革暨律师参与化解和代理涉法涉诉信访案件工作推进会在遵义市委二号会议室举行，会议对黄梅等30名在参与化解和代理涉法涉诉信访案件中成绩突出的先进律师进行了表彰。为总结经验，更好推进涉法涉诉工作，市律协出版了《遵义律师——2017涉法涉诉专辑》。

三、积极参与扫黑除恶专项斗争

为深入贯彻落实中共中央、国务院《关于开展扫黑除恶专项斗争的通知》、司法部《关于做好律师参与扫黑除恶专项斗争工作的通知》（司发通〔2018〕8号）和中华全国律协《关于律师办理黑恶势力犯罪案件辩护代理工作若干意见》（律发通〔2018〕9号）的精神，做好律师代理涉黑涉恶案件中的政策把握与引导、个案指导与协调及舆情应对等工作，2018年3月15日，市律协成立遵义市扫黑除恶专项工作律师辩护代理业务指导委员会，加强对律师参与涉黑涉恶案件辩护代理业务的统一指导、协调和监督。2018年3月9日、3月16日、12月22日，先后举办了3期律师参与扫黑除恶案件辩护代理工作专题培训班；2018年6月12日、6月30日、11月9日先后召开了3次专题会议；2018年11月，形成了《遵义市律师协会关于律师办理黑恶势力犯罪案件的操作指引》（征求意见稿）。2018年，凤冈县法院审理的冷某等13人涉黑案和桐梓县法院审理的贾茂飞等27人涉黑案，市律协派员全程参与指导；在冷林等13人涉黑案件中，辩护律师严格依法依规履职，所有涉案被告人零上诉，维护了法律的权威和社会的公平正义。案件办理中，广大律师严格遵守职业道德执业纪律，依法依规履职，在充分维护当事人合法权益的同时，有力配合了专项斗争的顺利深入开展。

第五篇　服务社会公益事业篇

广大律师投身于各种社会公益活动，把个人理想融入中国特色社会主义共同理想中，把个人奋斗融入实现社会主义现代化的共同奋斗中,展现出遵义律师的社会责任感和担当精神。

一、主动履行法律援助义务

帮助弱势群体,是律师的职责,是律师的使命。两年来,全市律师以维护社会公平正义为己任,积极为社会弱势群体、经济困难群众和特殊案件当事人提供法律援助。如他山律师事务所代理的杜某重大交通事故一案,因受伤人数众多、影响力较大,承办律师不计报酬,多次往返参与处理。2017 年全市律师办理刑事案件 1284 件,民事、行政案件 2447 件;2018 年全市律师办理刑事案件 1940 件,民事、行政案件 3517 件。两年来近 10,000 人次受援人得到了律师无偿、及时、专业的帮助。2018 年,市律协法律援助专委会成为新成立的遵义市义工联合会理事成员单位。

二、倾情开展法律服务活动

除承办法律援助案件外,遵义律师通过法制帮扶、救助捐款等形式,为社会送去律师的关爱。2017 年,市律协生态文明建设专业委员会倪伟律师就我市社会环保公益组织的设立登记、设立“遵义市环境公益专项基金”、制定完善“基金管理办法”、建立遵义市环境资源专家库、全面购买社会法律服务等问题,向市政协提出《关于多措并举进一步推动我市生态文明建设的建议》的提案,有效促进了生态文明建设;市律协与市司法局联合成立遵义律师宣讲团,积极开展活动,先后在市人大常委会、务川县、凤冈县、湄潭县、市相关单位等进行宪法和法律宣讲,同时走进学校、监狱讲授法律;主动和遵义电视台联系,挑选政治思想觉悟高、法律功底深厚且热心公益的 20 余名律师组成“维权律师”团队,全程参与《法治遵义》之《律师维权》栏目的现场维权与录制。

新时代呼唤新使命,新担当铸就新形象。

全市律师将在党的十九大精神指引下,坚定地团结在以习近平同志为核心的党中央周围,不断增强实现中国梦的战略定力,强化“四个自信”精神力量,深刻把握新时代新形势新机遇,不断提升服务能力,为遵义建设提供优质高效的法律服务和法治保障,推动律师事业发展再上新台阶!

不忘初心　勤勉尽责
奋力开拓遵义律师工作新局面

——在遵义市第六次律师代表大会上的报告

各位代表：

受第五届理事会的委托，我向第六次律师代表大会作工作报告，请予审议，并请列席会议的同志提出宝贵意见和建议。

一、四年工作回顾

四年来，在市委、人大、政府、政协的亲切关怀下，在市司法局党组的正确领导下，在省律师协会的关心支持下，在社会各界的真诚帮助下，五届理事会以党的十八大、十八届历次全会和十九大精神以及习近平总书记系列讲话精神为指导，紧紧围绕党委、政府中心工作，忠实履行职责，不忘初心、牢记使命、乘势而上，以坚定理想信念为基础，以开拓创新为着力点，全面加强律师政治建设、思想建设、组织建设、作风建设、纪律建设，充分发挥律师队伍在全面建设小康社会、全面依法治国中的重要作用，各项工作取得了长足发展。

截至 2018 年 8 月 31 日，全市律师事务所从 48 家发展到 87 家，律师人数从不足 500 人增加到 1088 人，增幅分别为 81%、117.6%，律师万人比从 0.8 到 1.5，五届理事会始终坚持行业统筹，致力增强律师的凝聚力、向心力、执行力，积极服务于遵义经济社会发展。四年来，全市律师担任各级政府、企事业单位法律顾问共 1039 家；承办各类诉讼案件的辩护及代理共计 50,481 件；非诉讼案件共计 2891 件；代写法律文书共计 8555 份；接受法律咨询共计 86,346 人次；提供法律援助共计 3614 件。四年来全市律师事务所和律师收获较多荣誉，2016 年协会荣获市委、市政府“遵义市 2013～2015 年度文明单位”称号，子尹律师事务所被评为全国优秀律师事务所，姚剑飞律师荣获司法部“第五届全国法律援助工作先进个人”表彰，令狐兴中律师当选中华全国律师协会理事，黄梅等 3 名律师当选市第五届党代会代表，胡良刚律师记个人三等功一次；2017 年令狐兴中律师荣获“全国司法行政系统劳动模范”称号；2018 年胡良刚律师被司法部评选为“新时代最美法律服务人”，王小芳律师当选省第十三届人民代表大会代表，袁河等 10 名律师被市委政法委授予“十佳律师”称号。

（一）过去的四年，是党建工作不断加强、律师理想信念巩固提高的四年

思想政治建设是律师队伍建设的核心和灵魂。4 年来，五届理事会始终坚持引领全市律师强化理论武装、坚定理想信念、增强理论素养，通过开展多种形式的学习、宣讲、研讨活动，带领律师深刻学习领会党的十八大、十八届历次全会和十九大精神以及习近平总书记系列讲话精神，贯彻落实全国律师工作会议、全省律师工作会议及全市律师工作会议要求，引导全市律师拥护中国共产党领导、拥护社会主义法治；根据省律协和司法局党组的部署，党总支及各支部积极开展“两学一做”学习教育活动及“两拥护、两忠于、守底线”主题教育活动。通过一系列的学习教育活动，各所律师不断向党组织靠拢，党员律师从 2014 年的 118 名增长到 394 名，增幅为 233.8%。2016 年，律协党总支第三次党员大会完成换届工作；子尹律师事务所支部被市直属党工委评为全市非公企业和社会组织开展“两学一做”学习教育示范党支部；他山律师事务所支部书记向东律师、山一律师事务所王玲律师分别当选汇川区第四次党代会代表及播州区第一次党代会代表，改写了律师党代表为零的历史。2017 年，省司法厅厅长吴跃到遵义宣讲省第十二次党代会精神，各事务所主任参加;李良国律师当选第一届省律师行业党委委员;市律师行业第一次党员代表大会召开,省司法厅副厅长、省律师行业党委书记周全富到会讲话,会议选举产生了中共遵义市律师行业第一届委员会委员,进一步增强了党对律师工作的领导,推进了律师行业党建工作的全面发展。

(二)过去的四年,是制度建设不断完善、律师面貌发生明显变化的四年

随着依法治国的全面推进,法律制度日臻完善,律师业务迎来了法治时代的春天,如同每个行业都有其相应的规则一样,律师行业也同样需要与之相适应的要求和规范。第五届理事会始终坚持完善规章制度,以凝聚律师集体智慧。一是强化协会管理职能,提高行业管理水平。针对市直所下放的实际,两结合重心下移,建立市律师协会与县(区、市)司法局联络员制度,进一步强化司法行政机关与行业协会管理两结合的管理体制,加强律师队伍建设,不断优化律师执业环境,提升我市律师工作管理质量和水平,促进律师行业良性发展。根据律师行业发展和协会自身建设的需要,制定《遵义市律师协会新闻发言人制度(试行)》等规章制度,进一步规范协会管理,提升协会服务水平。二是完善律师执业惩戒与实习人员考核机制,切实加强律师行业内部监督。对律师严管是爱、放纵是害,引导规范律师讲纪律、守规矩,对无故不参加会议的律师进行通报批评;严肃律师执业道德和执业纪律,依法惩戒违规违纪律师,确保律师队伍的纯洁,确保律师队伍的整体形象;做好投诉查处统一入口的衔接工作,做到发现一起,查处一起,回复反馈一起。四年共受理投诉23件,对2家事务所和2名律师分别作出行业处分;继续完善和改进实习律师考核方式和工作机制,采取书面材料审查、定期培训、集中培训与面试相结合的方式对实习人员进行考核,改革考核计分方式,完善并增加考核内容,增加了实习律师网络培训课程,要求实习律师必须参加遵义移动律师网校设定的160个课时的培训课程,同时要求实习律师参加考核时必须提交书面的实习律师日志,四年来共组织考核30次,考核总人数470人,延期考核69人,通过率85.3%。积极引导律师事务所强化律所内部管理,努力打造规模化、专业化、规范化发展的律师事务所。积极会同市司法局完成年度考核工作,对全市律师事务所、公职律师办公室、执业律师、公职律师和法律援助律师进行年度考核,严格考核指标,评定"合格""称职"等档次,对不符合要求的暂缓考核、不予评定考核等次。三是加强律师职业道德规范和执业纪律培养,不断加强行业外部监督。与市司法局联合成立专项检查组,检查律师队伍行风整肃专项活动,对自查自纠情况和文明窗口建设情况进行实地抽查,重点检查各律所治理结构、统一收案、收费、规范印章和法律服务专用文书管理、业务档案管理、案件质量评查、律师执业行为监督等方面的问题,对问题严重的律师事务所作出通报批评处理;加强律师诚信建设,在全市范围内开展律师机构及人员的信用等级评定工作,并将信用等级评定通过市律协网站、《遵义律师》杂志等途径向社会公开,自觉地接受社会各界的监督;聘请 14 名市人大代表、市政协委员、法官、检察官、公安干警、新闻记者为律师行业行风监督员,进一步加强律师职业道德规范和执业纪律培养。

(三)过去的四年,是中心工作不断强化、律师作用得到充分发挥的四年

五届理事会始终坚持引导律师提升综合能力,转变社会职能,充分发挥律师在经济社会发展、民主法治建设中的作用。遵义律师以全新的姿态活跃在经济社会发展的舞台,成为遵义社会经济发展不可或缺的力量。一是对重点建设项目提供法律服务。紧紧围绕市委、市政府工作大局,切实开展"百千万"工程的法律服务工作,大力推进律师服务工业园区和重点工程项目建设活动,有针对性地深入重点工程建设单位管理环节,帮助项目业主解决生产经营中遇到的法律问题,帮助企业防范风险,扎实有效地为重点工程项目建设提供法律服务。二是公职、公司律师为社会经济发展作贡献。四年来,公职、公司律师快速发展,目前公职律师已达 224 人,公司律师 22 人,公职律师围绕法治政府的打造、依法行政的顺利推进、社会经济发展认真履职,公司律师围绕现代企业制度建设、知识产权保护,企业发展积极建言献策。三是强化参政议政意识,提高参政议政能力。常务理事会通过《遵义市律师协会律师担任政府法律顾问工作指引》,引导律师更好地履行职责;组织律师参加律师行业骨干培训班,成立参政议政工作委员会,邀请市政协副主席毛良知作

"如何撰写提案"专题讲座。每年定期召开律师参政议政工作座谈会。在2017年初完成的换届中产生县、市级党代表，人大代表和政协委员中律师共54名，实现了历史性突破。2017年11月，遵义市法学会第二届会员代表大会上，丁汉刚等21名律师当选为法学会第二届理事，王滢钦等13名律师当选为常务理事，令狐兴中律师当选为副会长；李良国等4名律师当选为市人大常委会法制委员会委员，高晓萍等6名律师被聘为市人大常委会立法咨询专家；胡兴丹律师担任政协第五届红花岗区委员会"社会法制与联谊委"副主任；山一律师事务所、他山律师事务所被选为市人大常委会"基层立法联系点"；子尹律师事务所被选为市人民政府立法调研基地；张毅律师参与地方性法规《遵义市海龙屯保护条例》起草工作；与之律师事务所、佳信律师事务所分别受市政府法制办委托起草《遵义市违法建设处置条例》《遵义市停车场管理办法》。经过多年的努力，遵义律师参政议政不再是单兵作战，而是以群体形象活跃在参政议政舞台，发挥参谋助手作用，担任政府法律顾问，发挥律师专业优势参与地方立法，《中国律师》杂志2018年第3期《红色名城中的耀眼"律色"》就报道了遵义律师参政议政的工作。四是积极承担社会责任，全力投身党委、政府中心工作。2016年成立的律师参与脱贫攻坚工作领导小组，制定了《遵义市律师协会关于律师参与脱贫攻坚工作的实施方案》，设立了农民工法律援助工作站、贫困人口法律援助工作站、道真县石笋村精准扶贫工作站、协会扶贫基金管理委员会等专门工作机构，制定了《遵义市律师协会扶贫基金管理制度》，向道真县石笋村捐款100,000元。2017年为贯彻落实市委、市政府关于创建全国文明城市工作的整体部署，进一步树立广大人民群众的法律意识和法治观念，切实发挥律师在创建全国文明城市工作中的积极作用，积极开展律师进社区活动，中心城区38家律师事务所先后到67个社区(村)开展法制宣传教育(以案释法)活动、举办法律讲座、接受群众法律咨询，为遵义市荣获文明城市称号贡献了律师力量。2018年按照市政府安排，动员律师事务所和律师参与遵义市红十字会贫困家庭重大疾病人道救助公益基金捐款活动，共收到捐款110,350元。在2018年5月8日举行的遵义市红十字会贫困家庭重大疾病人道救助公益基金启动仪式上，协会在捐款单位中排名第一,充分彰显了律师的社会责任,很好地树立了遵义律师形象。法律援助专委会成为新成立的遵义市义工联合会理事成员单位。分别于2015年、2017年举行新闻发布会,两次发布《遵义律师社会责任报告》,全面展示了遵义律师努力维护弱势群体合法权益、维护社会公平正义、积极履行社会责任、通过公益服务回报社会的良好形象。五是充分发挥律师在化解社会矛盾中的作用,致力于涉法涉诉工作。成立领导小组,制定《遵义市律师参与化解和代理涉法涉诉信访案件工作实施方案》《遵义市律师协会参与化解和代理涉法涉诉信访案件工作操作规程(试行)》等工作制度;全市建立律师专家库,通过指派律师进驻政法机关和信访部门,化解了一大批信访疑难复杂案件。与市中院探索委托特邀调解员参与二审案件的诉前调解工作,先后指派律师参与该项工作,得到了市中院肯定。为总结经验,更好地推进涉法涉诉工作,出版了《遵义律师——2017涉法涉诉专辑》。2017年,市委召开涉法涉诉信访改革暨律师参与化解和代理涉法涉诉信访案件工作推进会,会长令狐兴中和罗孝堂律师在会上作交流发言,黄梅等30名在参与化解和代理涉法涉诉信访案件中成绩突出的律师受到市委政法委的表彰。六是致力参与扫黑除恶案件辩护代理工作。为充分发挥律师在维护社会稳定中的作用,按照上级部署,及时召开律师参与扫黑除恶案件辩护代理工作专题会,成立律师参与扫黑除恶案件辩护代理工作指导委员会,根据该项工作推进的具体情况,对扫黑除恶案件辩护代理工作进行切实指导。七是做好服务公共法律服务体系建设工作。在市司法局的全面协调、统一领导下,积极参与强化法律服务中心平台建设,免费接待现场涉法涉诉咨询,使中心逐步成为贴近人民群众的"窗口门户"。市、区22家律师事务所与市、区96个社区居委会签订了法律服务协议,成立了社区法律服务工作室,在工作室公示了轮值律师联系方式和服务内容。八是在生态文明建设中发挥律师作用。协会成立生态文明建设专业委员会,其工作着重考虑赤水河流域和乌江河流域的保护,通过进一步加强律师与公、检、法及环保部门的联动,有效促进生态文明建设。

（四）过去的四年，是对外交流不断深入、律师社会影响逐步扩大的四年

宣传交流是促进律师行业发展的重要动力，是推动律师行业大步向前的有力措施。五届理事会始终重视对外交流工作，遵义律师社会影响逐步扩大。一是积极参与法律普及和宣传活动，展现律师社会形象。2016 年与市司法局、市教育局、民盟遵义市委联合开展百名律师进百校活动；与市司法局联合成立遵义律师宣讲团，积极开展活动，先后在市人大常委会、务川县、凤冈县、湄潭县、市相关单位等进行宪法和法律宣讲，同时走进学校、监狱讲授法律；主动和遵义电视台联系，挑选政治思想觉悟高，法律功底深厚且热心公益的 20 余名律师组成“维权律师”团队，全程参与《法治遵义》之《律师维权》栏目中的现场维权与录制。二是举办 20 周年系列活动，扩大遵义律师影响。2015 年是协会成立 20 周年，理事会提前布局，紧紧抓住 20 周年这一契机，成功举办系列宣传活动，不断扩大律师的社会影响力和推进律师行业发展，为遵义律师树立了良好形象。与市司法局联合授予为推动律师业发展做出突出贡献的李学芬、吴世禄、令狐兴中、江萍、裴今斗“遵义市律师行业发展突出贡献奖”，授予实际执业超过 20 年且无不良记录的祝贵恒等 70 名律师“遵义律师行业奉献奖”；《贵州日报》《法制生活报》等媒体对遵义律师业履行社会责任情况进行专题报道；在老城步行街展出为期一周的宣传展板 100 块，图文并茂地集中展示遵义律师业发展及律师履行职责、担当社会责任情况；召开律师业发展暨成立 20 周年座谈会，省厅律管处副处长李乐章，省律协会长包洪臣，市政协副主席、市委统战部部长王进江，贵阳、毕节、铜仁市司法局及律师代表共 60 余人参加座谈会；成功举办了以“法治、使命、责任、感恩”为主题的大型文艺晚会，节目形式多样，用文艺方式诠释了法律，政协副主席、民建遵义市委主委胡小远等领导和嘉宾，遵义、贵阳、毕节铜仁市律师协会代表及社会各界共 800 多人观看了文艺演出。三是加强与法、检等部门联系，着力法律职业共同体建设。组织律师参加上海市第一中院和遵义市中院在遵义举办的“公正为民，敢于担当——邹碧华精神研讨会”，令狐兴中律师应邀在交流会上发言；与市中院联合举办了两次法官与律师对话论坛，与市中级人民法院、市劳动人事争议仲裁院联合举办了“遵义市法官、劳动仲裁员、律师关于劳动争议案件适用法律问题交流探讨会”；与市检察院联合开展三届“公诉人 VS 辩护人电视辩论大赛”；与遵义仲裁委员会联合举办遵义市“仲裁杯”第一届律师仲裁庭审技能大赛；为服务遵义经济社会发展，进一步提高律师办理国有土地上房屋征收与补偿有关工作的业务能力，为构建和谐社会提供优质高效的法律服务，与市人民政府法制办联合举办房屋征收工作业务培训会，邀请房屋征收和征地拆迁法律专家王达博士来遵义授课，为今后律师办理该项业务提供了理论和实践保障。通过一系列的活动展现了律师风采，逐步推动了行业间的良性互动。四是加大对外交流，增强遵义律师影响力。组织律师参加第七、八、九届“西部律师发展论坛”，并有多篇论文获奖；协办由中山大学和遵义师范学院共同主办并在遵举行的“第十届全国法律方法论坛”；令狐兴中律师论文《律师协会如何挺在前面——也谈地方律师协会建设》入选《全国第十届律师论坛精选论文集》并在全国第十届律师论坛分论坛二发表演讲；先后接待山东省、内蒙古自治区、黔东南州、黔西南州、漳州市、宿州市、延安市等律师协会来访；组织全市律师事务所的主任（合伙人）分别到重庆市、贵阳市规模化规范化律师事务所考察和交流学习；先后组织考察组到漳州市、杭州市、宁波市、绍兴市等律师协会考察学习。让律师充分感受规模化、规范化、精品化律师事务所发展带来的冲击，开拓了律师的视野，同时也扩大了协会的影响力。

（五）过去的四年，是律师之家不断建设、律师的归属感普遍提升的四年

律师协会是律师之家，五届理事会始终认为家园是需要建设的。一是加强律师文化建设，构筑律师精神家园。经省新闻出版局批准，《遵义律师》获连续性内资刊号，杂志进行升级改版，采用全铜版全彩印刷，选择青年律师杂志做封面人物；市律协网站升级运行，加大维护的力度；在中国文史出版社出版《遵义律师志》，在法律出版社出版《律师办案思路——代理词辩护词精选集》；编印《顺风扬帆——遵义市律师协会成立二十周年》纪念册，全面回顾遵义律师在履行职责中服务社会、服务经济、服务民生、服务稳定及推进法治建设的情况，展示了遵义律师的风采；充分利用《中国律师》杂志、中国律师网、《贵州日报》、《遵义日报》、《遵义晚报》、遵义电视台、市律协网站、《遵义律师》杂志等媒介作为宣传载体，充分宣传和展示遵义律师风采，弘扬法治精神；《中国律师》杂志 2017 年第 7 期、第 10 期分别刊发了令狐兴中律师撰写的《地方律师协会建设之遵义实践》《浅谈地方律师协会建设之组织建设》。二是成功举办年度律师培训，为律师提供“法治大餐”。第五届理事会高度重视年度培训工作，在省律协和市司法局的支持下，每年都提前安排，把年度培训办成遵义律师开阔视野提升素养的平台。2015 年度邀请了中南财经大学教授乔新生、省社科院院长吴大华、省文联主席顾久、中南民族大学副教授陈虎、王才亮律师、罗建嵘律师等 8 位老师，2016 年邀请了北京大学陈瑞华、著名文化人曾祥铣、省高院原副院长张键、点睛网主编刘卫、韩嘉毅律师等 12 位老师，2017 年度邀请了市人民检察院检察长杨滨、市中级人民法院常务副院长肖军、省高院原副院长李祖良、《民主与法制》总编辑刘桂明、北京大学教授常鹏翱、张峥律师、张青松律师、程守泰律师等 12 位老师，2018 年邀请中国政法大学教授王进喜、西南政法大学教授孙鹏、全国律师协会副会长吕红兵、中国人民大学教授张新宝、省法院民二庭庭长段建桦、省法制办处长王剑波、孙瑞玺律师、刘卫东律师、徐宗新律师等 10 名老师进行讲授。培训内容既有文化建设、参政议政、法学理论、律所管理方面的综合课程，也有刑事辩护、民事代理、政府法律顾问等方面的专业课程。三是积极有序开展活动，凝聚律师力量。换届后，五届理事会按照发展需要，成立 9 个专门委员会，11 个专业委员会。各专委会制定工作规则，各项工作有序开展。有些活动的开展很有影响，如 2015 年举办“2011 计划司法文明协同创新中心——遵义、铜仁、毕节青年律师业务培训”，邀请中国政法大学教授顾永忠、武汉大学教授康均心、最高人民法院法官陈龙业、律师钱列阳主讲，来自遵义、铜仁、毕节等三地的 300 多名青年律师参加了为期两天的培训学习；又如 2017 年为规范律师事务所内部管理，提升律师事务所管理人队伍的能力和水平，举办的全市律师事务所主任、合伙人能力提升培训班，邀请贵达律师事务所主任朱山，北京律协律师事务所管理指导委员会副主任丁涛，分别就“律师事务所管理与发展”，“律师事务所的管理模式创新”进行交流,79 家律师事务所的 180 多名主任、合伙人、执行管理人参加培训;再如 2018 年举办全市首届青年律师发展论坛,150 余名青年律师齐聚一堂,聆听了 11 位与会嘉宾的精彩演讲。四年来,坚持每年举办迎春茶话会、青年律师演讲比赛、开展生日贺卡、看望困难律师、"三八妇女节"女律师活动、重阳节老律师活动、体育活动周活动、短信慰问等。这些活动的开展,加强了律师之家的建设,让全市律师感受到了家的温暖,增强了会员对协会的归属感和认同感,激发了律师的从业热情。

第五届理事会的工作,进一步扩大了遵义律师协会的影响,进一步发挥了遵义律师作用,进一步提升了遵义律师形象,进一步凝聚了遵义律师人心,进一步建设了遵义律师家园。四年来取得的成就,可以总结的经验有:一是必须坚持党对律师工作的领导,确保律师业发展的政治方向;二是必须坚持严管厚爱,对律师事务所和律师严管是爱、放纵是害;三是必须坚持律师协会挺在前面,协会是行业自治组织,要主动作为;四是必须坚持建设律师之家,要关心律师,尤其是女律师、老律师、青年律师;五是必须坚持创新发展,管理服务工作不能墨守成规,只有不断创新,才能适应律师业发展的需要。

各位代表,第五届理事会面对新形势、新任务、新要求,锐意进取,勇于担当,各项工作取得了新发展,这些成绩和进步,是市委、市政府关心帮助的结果,是市司法局党组坚强领导和省律协监督、指导以及社会各界支持的结果,是全市律师共同奋斗的结果,是历届理事会打下良好基础的结果,是秘书处全体同志努力工作和辛勤付出的结果。在此,我代表第五届理事会,向各级领导和各有关单位,向全市律师以及理事会、秘书处的全体同志表示衷心的感谢!

在看到成绩的同时,我们也清醒地认识到,理事会工作与新形势下律师行业的发展需求还离得很远,离人民群众日益增长的美好生活需要还离得很远,还面临不少的问题和困难:一是律师协会没有自己的办公场所,严重制约律师业进一步发展;二是会见难等律师执业的困境并没有得到根本改变,律师维权工作还在路上;三是专业委员会的活动不多,质量不高,不能满足律师人数和业务不断发展的新需要;四是律师事务所数量不断增加,但在规范化、规模化、专业化、精品化方面还需大力提升；五是律师队伍专业型、复合性、涉外型高层次人才非常匮乏；六是协会建设和行业自律管理水平还有待加强。

二、对第六届理事会工作的建议

2018年，是全面贯彻党的十九大精神的开局之年，是改革开放40周年，是决战脱贫攻坚、决胜同步小康、实施“十三五”规划至关重要的一年。为遵义律师业能更好发展，为做好理事会工作的传承与创新，在此，提几点建议：

一是加强律师行业党建工作，确保律师队伍政治方向。要继续贯彻落实十九大精神，以党建工作写入章程为契机，继续加强律师队伍党建工作，推进律师行业党的政治建设、思想建设、组织建设、纪律建设，引导律师忠实于宪法和法律，忠诚履行宪法和法律赋予的神圣职责，把拥护中国共产党的领导、拥护社会主义法治作为律师从业的基本要求，增强律师走中国特色社会主义法治道路的自觉性和坚定性。

二是着力解决协会办公场所问题，更好建设律师之家。遵义律师已经突破千人，协会现在的办公场所已经严重制约秘书处为会员提供服务。为适应律师业发展的需要，为更好建设律师之家，当务之急是着力解决协会办公场所问题。

三是强化专委会建设，完善专委会述职考评制度。五届理事会专业委员会建设在过去的基础上有所增强，但各专委会开展的活动不多，质量普遍不高，已经完全不能满足律师人数和业务不断发展的新需要。专委会建设必须作为下一步协会建设的重中之重，要在专委会述职考评制度上创新，让专委会真正发挥作用。

四是创新律师业务培训方式，不断提高专业定位意识。探索律师业务年度培训新方式，坚持开展业务研究和职业培训，举办业务创新论坛、业务研修班、经验交流会，提升律师服务意识和服务能力；推动专业化律所设立，打造法律服务专业化品牌；尝试畅通优秀中青年律师外出培训机制，开辟实务培训渠道，鼓励律师之间、律所之间加强专业合作，提升遵义律师的综合竞争力。

五是加大律师维权力度，充分保障律师执业权利。近年来，会见难等律师执业的困境并没有得到根本改变,必须引起高度重视,要充分发挥维权中心作用,加大律师维权力度,充分保障律师执业权利。

各位代表:凡是过往,皆为序章。换届选举,薪火相传。在习近平新时代中国特色社会主义思想指引下,遵义律师一定会不断增强实现中国梦的战略定力,强化“四个自信”的精神力量,在全面推进依法治国和服务遵义经济社会建设中建功立业。我们相信,各位代表共商行业发展大计,共绘行业发展蓝图,选举产生的新一届理事会,必将团结带领遵义律师开拓创新,攻坚克难,谱写律师事业发展新篇章!

媒体报道

红色名城中的耀眼“律色”

——遵义律师参政议政实地调查

文/宋安勇 《中国律师》记者

【编者按】在红色名城遵义，律师参政议政热情高、能力强、成效大。在遵义市委统战部、遵义市司法局和遵义市律师协会的共同努力下，通过举办专题培训班，物色、培养、推荐优秀律师担任各级人大代表、政协委员，畅通律师参政议政渠道、提高律师参政议政能力，遵义律师参政议政工作取得长足发展。在全市900余名执业律师中，共有54名律师担任各级党代表、人大代表和政协委员，律师参政议政人数比例高居全国前列。

怀揣着一份敬仰，《中国律师》记者踏上了这片红色热土。当一个个鲜活生动的参政议政典型人物在记者面前侃侃而谈时，记者感受到了一种无形的力量，这种力量直接把律师的社会地位提升，也将律师的话语权扩大。而形成这种无形力量的，是党委、政府和为律师工作殚精竭虑的那群人……

代表风采：党建与专业并举，民生问题无小事

贵州他山律师事务所主任张洪平是遵义市第四、第五届人大代表，这名不折不扣的“老代表”在参政议政中扮演着重要的角色。遵义市人大法制委由7名委员组成，她是其中之一。自法制委成立

以来,全体委员协同市政府立法专家和各级政府法律顾问,参与了两部地方法规的审议。

随着国家精准扶贫工作在黔北老区的展开,一批批精准扶贫行动受益者纷纷做起了小老板,购买、租用门市装修开店者大有人在。作为遵义市人大代表,张洪平参与了《遵义市建筑装潢装饰管理办法》的论证。该管理办法出台实施后,全市的门店建筑装潢装饰乱象不见了,取而代之的是街道两边简洁大方的门店。

她还多次呼吁加强法官与律师之间的联系。2014 年,她通过提交议案,在全市建立起法官与律师的交流机制,让法官和律师形成良性互动。

针对孩子的身心健康成长,张洪平在议案中提出了严格中考体育考试的建议,全市各级教育考试机构应该严格考试机制,并查处考试中的违规舞弊行为。议案落实后,全市中学基本上保障了学生的体育锻炼时间,中考体育考试也变得公开透明起来。

接受采访时的张洪平显得有些举重若轻,她有些议案的内容涉及违法房地产开发、信访程序中的违法上访等。这些议案的内容无疑是较为尖锐的,也触动了个别人的利益,提出这些议案可谓“压力山大”。可尽管如此,她仍然顶着来自多方面的压力完成了这些议案,产生了良好的社会效果。

张洪平称,在人大代表履职过程中,呼吁政府重视法律服务,为整个律师行业进行宣传,是律师代表义不容辞的责任。参政议政工作体现出律师作为社会主义法律工作者的责任与担当,还提高了律师的站位,律师因此不局限于维护一方当事人的合法权益,同时也为国家法治的进步贡献一份力量。

贵州十朋律师事务所主任罗孝堂早在 2011 年 11 月就当选为遵义县(后更名为播州区)第十四届人大代表,2016 年 11 月当选为播州区第一届人大代表、区人大常委会委员。他作为基层人大代表,提出的议案更多的关系到百姓民生,包括食品安全、危房改造、道路升级拓宽等方面。

律师必然要为行业发声,他发现当地曾有法律援助律师在起诉书中没有署名权的现象发生,这直接造成法律援助律师无法领到办案经费。他的议案上交人大会议审议后,相应的解决方案立即被出台了。罗孝堂坦言,涉及司法领域的问题和建议,由律师代表委员提出来会更加得心应手。

2017 年 10 月,罗孝堂被聘为遵义市人大常委会立法咨询专家,就在同一时期,他还被聘为中共遵义市委法律顾问。俨然成为“大忙人”的他表示,各行各业都必须在党的领导下展开工作,特别是作为基层法律工作者,更应该对党组织负责。

罗孝堂 2018 年人代会的议案依然围绕民生领域,重点关注播州区交通整改方面的问题。另外还有市辖区集中供水水源地保护措施建议,保护市民的饮用水安全等议案。罗孝堂说:“这样一些看似家长里短的小事儿,可一旦上升到全区乃至全市的层面,就是不容忽视的大事。”

按照现行《律师法》规定,罗孝堂作为人大常委会委员,无法从事诉讼代理和辩护业务,这对个人和律所的收入带来了一定的影响。然而作为律师人大常委会委员,神圣的使命感和责任感,让他甘之如饴。记者对他的采访被打给他的电话打断了几次,电话那端传来的消息是希望他作为遵义律师的一员,在《律师法》修改的意见征集中再度发声。

他山律师事务所党支部书记向东是遵义市汇川区第四届党代表,他坐在党旗下接受了采访。党代表的特殊性要求他在日常工作中,不仅要时刻以党代表身份对自己高标准严要求,还要在工作中重视律师党建工作。他山所于 2013 年成立了党支部,党支部后来被评选为全市先进基层党组织。

党代表是责任,律师是职业。向东告诉记者,从律师业务方面来看,更要时刻以党代表身份起到先锋模范作用。他经常带领他山所的执业律师开展法制宣传进校园、进社区活动,对中学生进行法治教育,教育学生了解身边的法律,同时还参与到全市的预防未成年人犯罪工作中。他还经常到遵义市检察院参与驻院律师值班工作,主要针对信访案件进行疏导化解,在此过程中处理了一批疑难案件,也化解了不少常年上访的“老大难”案件。

向东说,下一步他力争当选人大代表,成为兼任党代表和人大代表的“双料代表”。

贵州名城律师事务所合伙人王小芳刚刚当选贵州省人大代表。

一名省人大代表的当选绝非易事，王小芳自执业以来经常参与社会公益活动，特别关注未成年犯罪人员释放后回归社会的接纳问题，以及“留守儿童”的关爱教育问题、未成年人的职业教育问题、精准扶贫中的教育扶贫问题，等等。

在她的议案中，关于未成年人犯罪刑满释放后的职业教育问题已见雏形。民生方面的一些议案建议正在与其他律师代表交流沟通。这些建议涉及劳动者工伤救济程序问题，外来务工人员维权问题，劳动关系认定和仲裁问题，行政诉讼问题，涉法涉诉案件的时间和程序简化问题，工伤报销程序可否简化合并问题等多个方面。这些问题要经过多方调研之后，同其他法律界代表形成联名议案。如果有其他代表提出加强法律援助方面的议案，她也会毫不犹豫地进行联名。

王小芳坦言，当前自己还要加强履职能力的学习。在人大代表这份荣誉下，背后肩负的是更大的责任。这份责任既代表遵义人民，也代表遵义律师。在接下来的5年中，珍惜好人民赋予的权力，行使好代表职权，真正做到人民选代表、代表为人民。

委员形象：为地方经济的长足发展倾注心血

贵州子尹律师事务所主任李泽友是遵义市第五届政协委员。在去年的政协会上，他提出了缓解中小企业融资困难的提案，在法律方面和城市管理方面的提案亦有涉及。法律方面的提案主要围绕完善法律顾问制度、促进城市依法治理展开，还包括《关于人民法院执行工作对申请人告知执行工作动态的建议》，民生方面则提出了将废品收购站搬离城区的建议。

接下来他还将以经济、法律、民生方面的提案为基础，积极调研其他领域的提案，发挥政协委员的作用。李泽友认为，作为一名律师政协委员，要积极向党委、政府建言献策，积极参加政协各种会议和调研活动。只有参加调研活动，才能够找到解决问题的方法。

从区政协委员到市政协委员，李泽友算得上一名不折不扣的“老委员”，他号召律师行业新当选的“两代表一委员”要加强学习，其中包括自身职业素质的学习、议案提案的撰写学习，在议政过程中还要加强语言表达方面的学习，代表委员的政治素质和表达能力尤为关键。

贵州抱一律师事务所合伙人胡兴丹是遵义市红花岗区第五届政协委员，这名被称为“美女政协委员”的律师在成为政协委员之后，履职能力的提升是最为明显的：从最初的不知道如何履职，到现在为律师行业发声，维护律师的执业权利，为营造律师的良好执业环境而努力。

胡兴丹的提案建议法院不要将结案率作为考核标准，从而导致年底出现立案难。别看这名“80后”的政协委员还年轻，她在提案上下的功夫可不比老委员少。她与其他律师委员联合进行调研，特别是在促进全市第三产业发展，缩小与省会城市的差距等提案上，调研工作更是慎之又慎。律师促进遵义第三产业发展的提案，已被列为市级调研课题。

胡兴丹认为，律师委员若要在社会公众面前树立起律师的良好形象，在会议过程中的发言就要直面问题。只有具备良好的政治修养和敏锐的洞察能力，才能够提出更有价值的提案。此外，还要全面支持政协的日常工作，在委员群体中形成良好互动，多替律师行业发声，不负重任、认真履职，让社会各界看到律师的正能量。

律师协会：鼓励律师参大政、议大政

任何事物的发展进步都不是一蹴而就的。推动遵义律师参政议政作为一项“系统工程”，其发展过程更是一步一个脚印。作为律师参政议政的直接“推进器”，遵义市律协做出的工作有目共睹。

遵义市律协会长令狐兴中向记者详细介绍了遵义律师参政议政的具体情况。他表示，当前的遵义律师有三个“娘家”，分别是市委统战部、司法行政部门和市律协，在三个“娘家”的联合推动之下，律师参政议政工作才能取得今日的硕果。

自2014年当选遵义市律协会长以来，他一直遵循以政治建设促进律师参政议政发展的理念。全市律师由市委统战部、司法局和律协三家单位联合进行培训，其目的就是要打造“外塑形象，内练素质”的律师队伍。

如何提升律师的社会形象？就是要在紧密围绕党委、政府中心工作的大局中，打造律师整体形象。通过与党委、政府重大工作的

有机配合,让党委、政府看到律师的专业能力。在“外塑形象”方面,市律协加强与公检法的交流沟通,通过律师检察官辩论赛、律师与法官对话论坛等形式,为打造法律职业共同体而不懈努力。

外在形象需要内功支撑,因此遵义律师的“内练素质”同样重要。所谓“内练素质”就是抓律师的政治素质建设,组织全市律师加强政治学习,律师协会做好律师业务培训的同时,还积极培养青年律师,为青年律师搭建平台,为律师事业的长远发展储备人才。

作为一名参政议政的“老兵”,令狐兴中对律师参政议政有着独到的见解。在遵义市各级人大、政协会议中,律师代表、委员的数量大幅度增加,全市 14 个县(区、市)均有律师人大代表或政协委员。“以老带新”的传承被提上了议程,特别是讨论法院、检察院(以下简称“两院”)工作报告环节,由于专业领域的限制,老代表、老委员比新当选的代表、委员具有更加充足的经验,传承发扬“以老带新”的做法,可以对“两院”工作报告进行更加细致的分析解读。

在推动律师参政议政过程中,令狐兴中提出了一个议题,那就是在律师参政议政工作中,律协应该怎么做?这个问题的答案就是在每年的 6 ~7 月,遵义市律协专门召开参政议政工作会,并成立参政议政工作专门委员会,联络所有当选律师代表、委员,进行参政议政方面的培训。

遵义市律协始终认为,律师参政议政可以为经济社会发展起到巨大的推动作用。例如遵义市仲裁委的设立,特殊教育学校设立等律师议案、提案,得到了党委、政府充分肯定并付诸实施。令狐兴中表示,律师在参政议政中要深入实际,发现社会中切实存在的问题,关注社会难点热点问题,积极做好调研工作,提高提案议案、质量,围绕大局参大政、议大政。律师参政议政工作的主体不仅是“两代表一委员”律师,担任党委、政府法律顾问的律师,参与地方立法建设的律师也是参政议政主体。

司法行政:坚持“有为才有位”的管理理念

纵观遵义律师参政议政工作,其进程和速度是令人刮目相看的,而作为全市律师的主管部门,遵义市司法局在律师参政议政中做了哪些工作,这些工作对于律师参政议政取得了何种成效?

遵义市司法局局长刘红霞告诉记者，目前全市律师中产生了54名各级代表、委员，同比增长250%。司法局在律师工作中，充分树立“有为才有位”的理念，得到了高度认可。

在司法局的不懈努力下，遵义律师的直接参政行为在形式和内容上异彩纷呈。尤其值得一提的是律师直接参与立法工作。目前贵州他山律师事务所、山一律师事务所作为遵义市人大基层立法联系点，已经有6名律师被聘为立法咨询专家。

面对司法局在律师工作中取得的可喜成绩，刘红霞难掩心中的喜悦，她说，遵义律师的积极参政议政拥有着天然的“基因”。首先是遵义在全国范围内较早地成立了律师行业党委；其次是全市涌现出了一批受司法部、贵州省律师协会表彰的优秀律师事务所和优秀律师；再次是律师的培训得到加强，考核制度更加严格；最后是通过律师诚信等级评定，在党委、政府中树立了律师的良好形象。拥有了以上四点“天然基因”的遵义律师，定然会在参政议政中发挥不可替代的作用。

记者了解到，目前遵义市人大、市政协高度重视律师参政议政工作，专门针对律师参政议政工作进行调研，并形成书面报告，报送市委书记和市长。

市委统战部：一所培养律师的大学校

律师的参政议政工作，从来都不只是党员律师的“独角戏”。由民主党派律师、无党派律师构成的代表委员，同样在参政议政的热潮中大放异彩。如何团结党员律师、民主党派律师和无党派律师积极地参政议政？这项重任自然落到了遵义市委统战部的肩上。

中共遵义市委统战部调研员刘忠芬是全市律师的老朋友。她告诉记者，遵义各级党委统战部门对律师高度重视，专门为律师搭建了参政议政平台。

刘忠芬说，律师代表、委员在参政议政中积极建言献策，充分发挥知识分子代表、委员的作用。各级律师代表、委员提出的提案、议案，各级党委、政府优先办理，同时形成了党内党外优秀律师联系机制，发现了一批敢于、善于建言献策的优秀律师。

遵义市在律师代表委员积极参政议政过程中，市委统战部俨然成为一所"大学校"。针对律师如何快速走进参政议政序列问题，2014 年下半年，遵义市委统战部与市律协联合举办培训班，对遵义律师行业涌现出的优秀律师进行参政议政培训。随后，遵义市委党校也专门开办类似的律师参政议政培训班。市委统战部和市委党校倾力支持律师参政议政工作，参加培训班的律师不仅不收取任何费用，还免费提供食宿。

培训结束后，在参加两场培训班的 60 多名律师中，大部分在属地当选各级人大代表或政协委员，正式走进了参政议政的队伍中。

刘忠芬表示，"在遵义律师参政议政方面，发现一名就要培养一名。因为律师作为新社会阶层的重要组成部分，律师行业的发展关乎社会经济的发展大局"。她还告诉记者，在遵义市委举办的中青年干部培训班中，律师学员的比例正在逐步提高，为律师的直接参政打下了良好基础。

在遵义市的律师参政议政工作中，民革、民盟、民建、农工党等 7 个民主党派均产生了律师代表、委员。统战部门加大与律师的对口联系工作，让律师为地方建设发挥更大作用。

此次采访的"两代表一委员"，仅仅是遵义律师参政议政人群中的一个缩影，更多的律师代表、委员风采，不仅在党代会、人代会和政协会等历次会议上展示出来，还会通过他们的议案提案彰显出来，更会在他们的日常工作和生活中绽放出来。遵义，这座红色名城中的律师参政议政，已经由情缘变成情结，又由情结升级为现象。相信在今后的律师参政议政工作中，这座红色名城的律师们必然会迸发出那道耀眼的"律色"。

（本文原载《中国律师》杂志 2018 年第 3 期）

党建促所建　党务强业务
党风带行风　让党旗在遵义律师行业高高飘扬

文/龙立琼　《法制生活报》记者

"我是律师,更是党员!"——这是遵义 394 名党员律师的共识。

近年来,在遵义市委的坚强领导下,在市直有关部门的密切配合、关心、支持下,党的组织和党的工作在遵义市律师行业实现了全覆盖,并不断巩固,律师行业党组织的凝聚力不断提高,党员律师队伍思想政治素质和执业作风不断加强,有效带动了遵义市律师队伍建设和律师事业发展,律师党建工作走在了全省前列。

党员律师:让法治之光照得更亮

今年是杨继光从事法律服务工作的第 30 个年头,也是他成为一名共产党员的第 28 年。在律师执业生涯里,"讲党性"始终成为他坚守的执业准则。

"30 年来,我办理各类案件 1000 余件,先后担任 30 多家政府机关、企事业单位的法律顾问,从来没有受到过当事人的指责,也没有受到过任何投诉。"杨继光说。

去年,恰是凤冈县迎接国家第三方评估验收精准脱贫工作的关键时期。作为一名党员律师,杨继光积极下沉到基层开展驻村扶贫工作，从 2017 年 9 月至 2018 年 7 月，他带领所在的贵州黔龙律师事务所的其他律师走访群众 600 余次，帮助 37 户群众改善人居环境，为村集体经济的发展壮大提供法律建议 4 条。同时，他兼任了两个乡镇的法治扶贫顾问。其间，他代理赡养纠纷案件 4 件，召开群众会宣传扶贫攻坚相关政策及法制宣传 50 余场次。

“让党员律师在律师事务所各项活动中发出应有的声音，让党员律师在各项攻坚克难活动中走在前面。”贵州山一律师事务所党支部书记李良国对于党员律师应发挥模范带头作用的倡导，与杨继光不谋而合。

山一律师事务所（含分所）有律师 67 名，其中有党员律师 12 名。该所要求党员律师对照“四讲四有”标准，在做到政治合格、执行纪律合格、品德合格、发挥作用合格的基础上，做听党话、跟党走的带头人，做遵纪守法、崇德向善的模范，做诚信执业、扶危济困的楷模，做行业能手。因此，该所紧紧围绕党委、政府的中心工作，发挥执业优势，积极履行自己的社会责任。除积极参与行业组织的各项法律援助和捐助活动外，党员律师还主动与省级精准扶贫村——播州区高山村、湄潭县三联村开展“支部联村、党员帮户”结对帮扶活动。

让法治的光芒照遍黔北大地，这是遵义党员律师正在孜孜不倦努力的事业。同时，推动中国特色社会主义法治体系建设，遵义党员律师敢为人先。

胡良刚——贵州子尹律师事务所党支部书记、主任律师。2010 年 12 月 29 日，最高人民法院作出了《关于对因资不抵债无法继续办学被终止的民办学校如何组织清算问题的批复》；2012 年 12 月 11 日，最高人民法院又公布了《关于个人独资企业清算是否可以参照适用企业破产法规定的破产清算程序的批复》。这两个司法解释的产生源于子尹律师事务所先后办理的遵义市中山中学、遵义县（现播州区）双龙水泥厂破产清算案，前者让曾经被长期列为遵义市维稳重点的中山中学债务问题在法治轨道内实现了“软着陆”，子尹律所因此被司法部表彰为 2012 年度“全国维稳先进集体”。后者则解决了个人独资企业在清算过程中出现的法律空白点问题。

“近几年,我们遵义的党员律师在促进经济社会发展,参与化解和代理涉法涉诉信访案件,参与脱贫攻坚、法制宣传教育,维护社会公平正义等方面都起到了示范引领作用。”遵义市司法局副局长李黔阳如此评价党员律师的作用。

2014 年,遵义市党员律师仅有 118 名,2018 年已经增长到 394 名,占遵义市律师的 38%,为全省最高。2016 年,他山律师事务所党支部书记向东当选为汇川区第四次党代会代表,山一律师事务所律师王玲当选为播州区第一届党代会党代表,改写了律师党代表为零的历史。

律所支部:抓党务强业务

“党建促所建,党务强业务,党风带行风”——在贵州子尹律师事务所的党员活动室,这三句话清晰指出了党建工作与律所发展的内在关系。

“党建,是子尹律师事务所的立所之魂。”这是胡良刚对子尹律所走过 25 年历程的经验之谈。

正是在“党建立所魂”的基本原则下,子尹律师事务所自成立以来,律师个人获得全国荣誉 8 个,省级荣誉 15 个,市级荣誉 84 个。省高级人民法院确立了子尹律所具有一级破产管理人资质。

“一个党员律师就是一面党的旗帜,一个律所党支部就是一座能打胜仗的坚强‘堡垒’!”这是遵义律师令狐荣飞在不久前的全市律师行业党建工作会上交流时,发出的真切感叹。

言为心声。2017 年 8 月 3 日,桐梓某煤矿发生重大安全事故,造成数名井下工作的民工不幸遇难,一时间,百余名受害者家属齐聚事故发生地。情况紧急,如若处理稍有不当,极有可能引发群体性事件。桐梓县委、县政府一方面专门成立了 5 个应急工作组负责处理相关事宜,另一方面要求令狐荣飞所在的贵州名城律师事务所派出律师到 5 个工作组中参与事故的处置。面对这一涉及维护社会稳定的重大事件,作为该律所的党支部书记,令狐荣飞立即调集了以党员律师为主、共计 8 人的律师团队参与 5 个工作组的工作,并制定了调解方案。

参与处置的党员律师牢牢把握政治要求和法律方向,坚持依法、依理耐心细致地做家属的思想工作，在充分维护受害者家属合法权益的前提下，最终促成了矿方与受害者家属的和解，有力维护了社会公平正义，促进了社会稳定和谐。

2017 年 8 月 12 日，贵州名城（桐梓）律师事务所党支部挂牌。一年来，该支部严格坚持“两学一做”“三会一课”等常态化、制度化学习机制，不断提高党员律师的政治觉悟和理论素养，坚持对十九大精神及习近平治国理政系列思想的系统学习，不断保持党员律师理论思想的先进性。坚持“每周一学习”，不断促进政治素养和业务能力的互融互学和共同提升，坚持支部党员“轮流宣讲”的长效机制，将其作为律师理解党的精神、宣传党的精神、践行党的精神的有效途径之一。

短短一年时间内，贵州名城（桐梓）律师事务所的党员律师先后获得了省、市律师行业优秀共产党员、“遵义市先进律师”等荣誉称号，并长期担任桐梓县政府、多个科局级单位、乡镇政府以及 20 多家企事业单位的法律顾问。

强化党建：补足信仰之钙

“有坚定的信仰，信仰社会主义法治，信仰中国共产党的领导。”经过多年的实践和探索，遵义律师协会会长令狐兴中认为这是律协班子成员必须具备的首要条件。

言行相顾，慎终犹始。

2017 年党的十九大刚刚结束，遵义市律协便及时召开会议，学习贯彻党的十九大精神和习近平总书记在贵州代表团讨论时的重要讲话精神。在这次会上，令狐兴中指出，遵义市广大律师要自觉把思想和行动统一到党的十九大精神和习近平总书记重要讲话精神上来，并以高度的政治责任感，制定学习计划，开展多种形式的学习宣传活动，在律师行业迅速掀起学习贯彻党的十九大精神热潮。同时，律协明确要求将学习十九大精神作为一项任务考核。两周后，令狐兴中便带队到仁怀市 6 家律师事务所开展党的十九大精神宣讲报告会及学习检查活动。

近四年来，遵义律协始终坚持引领全市律师强化理论武装，坚定理想信念，增强理论素养。通过开展多种形式的学习、宣讲、研讨活动，带领律师深刻学习领会党的十八大、十八届历次全会和十九大精神以及习近平总书记系列讲话精神，引导全市律师拥护中国共产党领导、拥护社会主义法治。积极开展“两学一做”学习教育活动及“两拥护、两忠于、守底线”主题教育活动。

“党员律师工作时间不固定，工作地点不固定，针对这一职业特点，我们正在探索如何解决他们参加支部学习、过民主生活等问题。按照中组部、司法部的要求，在三年内，我们要实现律师事务所党组织全覆盖。”遵义市司法局副局长、律师行业党委书记李黔阳介绍。

2017 年 11 月，遵义市在全省率先成立了律师行业党委，进一步完善了党员律师管理体制，理顺了党组织关系。此前，遵义市司法局党组与市委组织部、市直机关工委联合印发了《关于加强和改进全市律师行业党的建设工作的实施意见》，为遵义市律协开展党建工作提供了有力支持。

据统计，遵义市共有 87 家律师事务所，现有执业律师 1088 名，有 1 个行业党委、1 个行业党总支、20 个律师事务所党支部、10 个联合支部。

“律师吃的是法律饭，《宪法》是我国的根本大法，中国共产党的执政地位写进《宪法》，所以在律师队伍中建立党组织，有现实意义。必须抓好律师的党建工作，这样才能确保律师事业发展的政治方向。”令狐兴中如此强调抓好党建工作的重要性。

（本文原载《法制生活报》2018 年 9 月 12 日）

遵义律师承载梦想　肩负使命

文/陈晓红　《遵义日报》记者

有人说，当下律师行业迎来了真正的春天，幸逢盛世。

2016年，在遵义市司法局党组领导下，遵义市律师协会带领全市律师全方位展示风采，实现了多个第一。

政治上，全市787人的律师队伍产生了47名代表、委员，不仅全省唯一，与其他城市相比，也独一份；首次产生党代会代表，实现零的突破；在律师协会党总支换届中，首次由专职律师李良国担任党总支书记；会长令狐兴中当选中华全国律师协会理事……

成绩上，2016年，市律师协会获得了遵义市委、市人民政府“遵义市2013～2015年度文明单位”表彰；子尹律师事务所被评为“2011～2014年度全国优秀律师事务所”；舸林律师事务所律师姚剑飞荣获司法部“第五届全国法律援助工作先进个人”表彰；宇辉律师事务所等5家律师事务所荣获“2014～2015年度贵州省优秀律师事务所”称号，韦遵宁等8名律师荣获“2014～2015年度贵州省优秀律师”称号；程吉芬、李泽友、肖文、赵衡宇律师获第八届西部律师论坛优秀论文奖……

政治地位的提升，意味着遵义的律师们将承载更多社会责任；成绩与荣誉，印证了律师们一年来的付出与努力。

2016年,遵义市律师事务所从55家发展到70家,律师担任各级政府、企事业单位法律顾问987家;代理诉讼案件11,480件,比2015年增加2215件;提供法律援助936件,各项指标均实现了预期目标。

"这一年取得的成绩可喜可贺。"贵州省律师协会副会长、遵义市律师协会会长令狐兴中说。一年来,遵义市律师协会紧紧围绕市委、市政府中心工作,严格依法依规依章程,带领全市律师切实履行律师职能,为社会和谐稳定、为遵义法治进程推进提供了优质高效的法律服务。

强党建　扶贫攻坚有担当

2016年是脱贫攻坚年和全面建设小康社会的决胜之年,也是律协带领全市律师参与脱贫攻坚的一年。

协会成立了脱贫攻坚工作领导小组,制定了《遵义市律师协会关于律师参与脱贫攻坚工作的实施方案》;设立农民工法律援助工作站、贫困人口法律援助工作站、道真县石笋村精准扶贫工作站,成立市律师协会扶贫基金管理委员会等专门工作机构;制定《遵义市律师协会扶贫基金管理制度》,开设市律师协会扶贫基金专用账户,收到律师捐款160,750元。市律师协会向道真仡佬族苗族自治县忠信镇石笋村提供100,000元精准扶贫捐款,向遵义市慈善总会捐款10,000元;舸林律师事务所和子尹律师事务所分别向市司法局帮扶点习水县回龙镇捐款10,000元。

2016年,也是协会加强党建开展"两学一做"学习活动的一年。协会带领大家坚持学为基础、做为关键、实为根本,把思想政治建设放在首位,以尊崇党章、遵守党规为基本要求,着力解决一些党员律师"理想信念模糊动摇、党的意识淡化、宗旨观念淡薄、精神不振、道德行为不端"等问题,激励基层党组织和广大律师党员执业为民、担当进取。

2016年6月30日,协会党总支组织市属8个支部全体党员律师在遵义会议会址举行"建党95周年暨'两学一做'学习活动",并举行宣誓仪式重温入党誓词。在"两学一做"活动中,全市党员律师队伍不断发展,从 182 名增加到 253 名。子尹律师事务所支部被遵义市直属党工委确定为“两学一做”试点单位,市司法局为子尹律师事务所支部书记胡良刚律师记个人三等功 1 次。宇辉所支部书记黄梅律师、红花岗区公职律师张小燕、桐梓公职律师周世蠡当选遵义市第五届党代会代表,他山律师事务所支部书记向东律师当选汇川区第四次党代会代表,实现律师当选党代表零突破。

担责任　参政议政有突破

2016 年是喜事连连的一年,在政府“换届年”之际,协会积极主动推荐优秀律师参政议政。产生市、县两级党代表、人大代表、政协委员 47 名,有 20 名律师被续聘为政府各部门法律顾问,3 名律师被选为遵义市人大法制委委员,7 名律师被市人大聘为地方立法咨询专家,5 名律师被聘为市政府立法咨询专家,子尹律师事务所被市人民政府选为立法调研基地,积极参与全市地方立法咨询和论证工作。

为加强律师职业道德规范和执业纪律培养,树立良好的律师队伍形象,协会从人大代表、政协委员及公、检、法与新闻媒体等人员中,聘请了 14 人担任行风监督员。

2016 年,63 家律师事务所、120 多名志愿律师走进百所校园,开展“百名律师进百校”活动,包括小学、初中、高中、中职及特殊学校。通过开展普法讲座、法律知识有奖问答、模拟法庭等方式,提升师生的法治意识和自我保护能力。

2016 年,协会在大学生中积极开展理想信念、法治教育、文明道德、传统文化和形势政策等教育活动。遵义师范学院邀请副会长牟泰勇作“让法治成为我们的信仰——从树立规则意识做起”讲座,贵州师范大学邀请令狐兴中到花溪校区作题为“法治文化建设与中华民族伟大复兴”讲座。

新突破　化解信访有成效

一直以来,信访工作是“瓶颈”,难以突破。

2016 年,在市委政法委领导下,律协与公、检、法联合开展了律师参与化解和代理涉法涉诉信访案件工作。协会建立了由 251 名律师组成的专家库,通过指派专家库律师进驻政法机关和信访部门的方式,化解了一大批信访疑难复杂案件。

如王迪律师包案化解的播州区王跃碧其子被害长达20余年信访案,罗孝堂律师化解的播州区田应辉子女被害长达10年信访案……这些老大难信访案,经过律师们耐心细致、不厌其烦地调解,得以有效化解。

“由第三方律师调解信访案件工作,有利于案件调解成功。”律协党总支书记、副会长李良国介绍说。一年来,协会共派律师进驻政法机关接访312件473人次,筛选涉法涉诉信访案件129件,接受委托化解73件,评查56件,化解23件。

2016年10月,协会指派28名实习律师参与二审案件的诉前调解工作,目前成功调解了19件。通过评析信访案件、做好释法劝导工作、提出处理建议等方式,不少案件在诉前便调解成功。

重素质　规范执业有创新

2016年12月3日,遵义市五中新校区内褪去了往日的宁静,来了一批特殊客人,169名新执业律师身穿律师袍,站在刚成立的设置在五中校区内的“遵义市青少年法治教育基地”举行宣誓活动。

提高队伍建设是协会一直在努力做的事。为此,协会完善和改进了实习律师考核方式和工作机制,增加了实习律师网络培训课程,要求实习律师必须参加遵义移动律师网校设定的160个课时的培训课程,参加考核时必须提交书面实习律师日志。一年来,共组织7期实习律师考核,考核120人,其中考核合格100人,考核一次通过80人,延长实习期20人,考核二次通过17人,考核三次通过1人。在对全市律师事务所、公职律师办公室、执业律师、公职律师和法律援助律师进行的年度考核中,有536名律师经过考核被评定等次为“称职”,69名律师不评定考核等级,2名律师评定考核等次为“基本称职”,2名律师“暂缓考核”。

为加强律师诚信建设,协会还开展了律师机构及人员的信用等级评定工作,并将信用等级评定通过市律协网站、《遵义律师》杂志等途径向社会公开,自觉接受社会各界的监督。

在对律师培训方面,也是成绩显著。在湄潭县举办的贵州省

2016年度执业律师遵义分会场培训,有来自铜仁、毕节、遵义市近1100名律师参加了培训与学习;邀请中国政法大学冯晓青等专家举办“知识产权”和“新三板上市”等专题培训;与专业远程教育机构点睛网合作,开通遵义移动律师网校;研讨政府法律顾问工作;组织第二届优秀辩护词评选活动,共评选出优秀辩护词10篇;与遵义仲裁委员会联合举办“遵义仲裁杯”第一届律师仲裁庭审技能大赛;与茅台集团公司开展“茅台知识产权保护战略研讨会”……

抓建设　着力构建会员之家

在日常工作中,协会就如律师们的娘家人,始终如一地关心律师们的文化生活。

宣传上,协会充分利用《遵义日报》等媒体展示遵义律师风采,并推选优秀青年律师作为《遵义律师》杂志封面人物,宣传律师正面形象。

文化上,协会编印了《顺风扬帆——遵义市律师协会成立二十周年》纪念册。全面回顾了遵义律师在履行职责中服务社会、服务经济、服务民生、服务稳定及推进法治建设的情况,集中介绍了遵义市部分律师事务所,展示了遵义律师的风采。协会组织举办2016年遵义律师迎春茶话会,表彰文明律师事务所和先进律师。同时,第一次组队参加2016年“人保财险杯首届遵义市职工羽毛球邀请赛”,获得了团体第五名的成绩;举办遵义、毕节、铜仁三地律师联欢晚会,增强三地律师交流。

生活上,主动关心律师生活。在律师生日寄送贺卡,慰问困难、患病律师及协会退休人员时,每人发放慰问金4500元;召开老律师茶话会,等等。

维护律师执业权利保障上,协会始终把维护律师执业权利保障工作放在突出位置,共受理律师申请维权案件4个,召开律师维权工作会议3次,指派律师参与调查处理维权工作事宜10余人次。

开展对外交流活动上,协会组织了27家律师事务所到贵阳考察,会长带领5名律师到苏州参观学习;派出律师参加在兰州召开的第八届西部律师论坛,参加司法部在义乌市举行的上海合作组织成员国丝绸之路法律服务国际论坛,参加全国律协举办的第一期

"青年律师领军人才培训班",等等。

雄关漫道真如铁,而今迈步从头越。面对新形势、新任务、新要求,2017年,市律师协会将继续带领全市广大律师锐意进取,奋力开拓,努力开创律师工作新局面。

(本文原载《遵义日报》2017年1月6日,第9版)

而今迈步从头越

——遵义市律师行业集中学习
教育整顿活动综述

文/李培松　《遵义日报》记者

律师事业是中国特色社会主义事业的重要组成部分，律师队伍是落实依法治国基本方略、建设社会主义法治国家的重要力量。党的十八大以来，中央对律师工作和律师队伍建设提出了新的更高要求。习近平总书记的系列重要讲话和对政法工作的重要指示精神，为推进律师工作指明了前进方向，提供了根本遵循。

市委、市政府高度重视律师事业发展和队伍管理，市司法局、市律师协会认真贯彻落实中央和省委、市委决策部署，深入开展律师行业集中学习教育整顿活动，用教育整顿的实效推进律师事业健康发展，奋力开创法治遵义建设新局面。

"律师行业学习教育只有'进行时'，没有'完成时'，永远在路上！"遵义市律师协会会长令狐兴中认为，在新形势下加强律师队伍的教育管理非常必要。这不仅是各律师事务所和广大律师进一步提高政治站位，树牢"四个意识"、坚定"四个自信"、做到"两个维护"的具体行动，而且更是加强队伍管理，认清律师使命，担当法治责任，守牢执业底线，不断提升律师执业伦理能力，努力做好新时代中国特色社会主义合格律师的迫切需求。

立足于实:常态化推进学习教育

翻开时间的扉页,始终立足于实,常态化推进学习教育,遵义律师早有所为:2017 年,市司法局、市律师协会率先行动,积极开展“两拥护、两忠于、守底线”学习教育活动。

2020 年 6 月 20 日,市律师协会在全市律师行业开展为期 4 个月的集中学习教育整顿活动,主要任务是坚持党对律师工作的绝对领导,确保律师工作坚定正确的政治方向。通过集中学习、征求意见、加强监督、自查自纠、建章立制等措施,全面提升律师行业科学化、规范化管理水平,提升律师队伍的政治素质和业务能力。

“必须提高站位,充分认识律师队伍集中学习教育整顿的重要目的和重大意义。必须真查实改,确保律师队伍教育整顿有序推进取得实效。”市司法局党组书记、局长汪立说,教育整顿要在“实”字上下功夫,决不走过场、不流于形式。要坚持标本兼治,进一步建立完善律师行业监管和队伍管理的长效机制,以此发现问题、推动问题、解决问题。

以实干推动落实,以落实促进发展。市级层面出台了《遵义市律师队伍集中学习教育整顿活动实施方案》,进一步明确要强化遵义律师行业党的建设,让广大律师充分认识到积极参与社会主义法治建设的历史使命,把思想和行动统一到中央、省委和市委的决策部署上来,努力建设一支让党和人民充分信任和满意,适应新形势新任务新要求的律师队伍。

全市各县(区、市)司法局、律师事务所闻令而动,自觉从政治思想教育、依法诚信执业、律师事务所管理、律师执业监管和服务等方面对标对表,逐一查找问题,紧盯短板,补强弱项。

更为重要的是,各地结合实际,开门问策。通过各种形式从不同层面、不同渠道广泛征求社会各界意见,认真查找律师和律师事务所存在的问题,并有针对性地开展自查自纠,推动问题整改落实。

“每周五下午,除了出庭等特殊情况外,本所律师都会进行集中学习。”近日,遵兴律师事务所律师李开颜说,2020 年 6 月以来,全面落实市司法局、市律师协会要求,组织开展集中学习教育整顿活动,实实在在带来了许多积极变化。

从业20多年的李开颜对此感触颇深。她坦言,无论是从律所律师卷宗归档整理的自觉行动,还是每周集中学习出勤率的大幅提升。无论是律师风险代理案件的规范签订,还是合同金额缴费金额的严格审批……都是此次律所律师集中学习教育整顿成效的具体体现,必须持之以恒常态化推进学习教育,才能从根本上推动律师队伍实现思想认识上的转变、管理制度上的完善,促进律师执业上的规范。

"对于律师行业的管理与指导,就要落到节点上,要充分发挥好基层党支部和律所的管理作用,才能真正做到持之以恒。"市司法局党组成员、副局长王利民说道。

着眼于新:长效化夯实发展基础

中国律师制度恢复重建已经40年,和全国一样,遵义律师从无到有,已成长为全市经济社会发展的一支不可或缺的重要力量。特别是"十三五"时期,遵义律师行业快速发展,从2014年全市律师456人,增加到现在全市律师1529人,律师万人比从0.8增长到了2.39。

砥砺奋进,与时代同步;主动作为,与创新同行,才能积极开拓遵义律师事业科学发展的新路径,坚定不移走好新时代的长征路。

"要求真务实,因地制宜,创新形式,有针对性开展本次活动,以长效化的学习,持续巩固提升成果,夯实发展基础。"令狐兴中说,此次活动始终注重实效。首次成立了市律协班子成员率队的8个督查组,不定期深入各县(区、市)开展督导,确保活动开展取得实效。汇川区有律师事务所29家,426名律师,数量位居全市前列。该区由区司法局领衔,又下设督查组进一步细化督导本辖区学习教育整顿活动开展情况,切实做到一级抓一级、层层抓落实。

以较真促认真,以认真强落实,敢于刀刃向内、动真碰硬是此次学习教育抓住问题、推动问题、解决问题的核心关键。

通过实地督导强化具体指导,市律师协会对于发现问题的律所进行约谈,清单化交办整改问题。特别是对问题突出的律所,坚持严管厚爱并举,及时派出工作专案组强化督导,以此推动问题全面整改落实。在此次学习教育整顿活动中,位于中心城区的某家律师事务所便因相关问题突出被约谈,近期市律师协会将通报对该律所相关问题的处理意见。

用好“指挥棒”,立起“风向标”。此次学习教育整顿活动不仅针对全市律师和法律工作从业者,而且还把各县(区、市)司法局主要负责同志作为“第一责任人”,督促其加强领导,落实责任,认真制定本地开展集中学习教育整顿活动工作方案,细化具体措施,并把该项工作纳入年度考核,确保活动开展取得实实在在的成效。

贵州贵遵律师事务所在此次学习教育整顿活动中结合实际,始终把集体查找、集体分析、集体研究、集体整改作为推进落实此次学习教育整顿活动的具体抓手。

该所党支部书记张绍勇说,律师往往容易忽视自己的问题,我们深入开展集中学习教育整顿活动,每个律师逐一述职,深刻自查自纠,并查找问题、梳理清单、整改问题,以强化学习不断提高政治站位,提升业务能力。同时,还以此为契机,形成每周一例会制度,并举行律师执业宣誓等活动,以实际行动践行初心使命,努力为社会提供高效优质的法律服务。

致力于本:塑造遵义律师新形象

由点及面,纵观全局。目前,此次活动从集中学习、自查自纠、督导检查向整改提高阶段纵深推进。据统计,全市 120 家律师事务所在活动期间,平均开展集中学习、整顿会议 8 次以上,均梳理了问题清单,并逐一推动问题进行整改落实。

今后,市县两级司法部门将进一步为完善职业监督管理、诚信档案建设等制度机制,督促律所内控管理,从源头上堵塞漏洞,积极推动律师行业健康发展,为法治遵义建设作出新的更大贡献。

学无止境,厚积薄发。站在“两个一百年”奋斗目标历史交汇点上,立足“2035 看遵义”,以遵义律师行业高质量发展之精彩,生动讲好“贵州缩影”“贵州新路”“贵州样板”的故事,弘扬新时代贵州精神和遵义城市精神,需要持之以恒的高质量学习,以更好适应新形势、立足新实践、创造新成绩。

实践充分证明,这既是新时代遵义律师事业高质量发展的内在要求,又是持续提升律师事务所规范化管理水平,提高律师队伍政治站位、业务能力、服务意识的必然选择。

“纵深推进的学习教育整顿活动必定将引领着全市律师事业始终沿着正确的政治方向前进，让广大律师更加深刻明白肩负的历史使命，始终自觉把‘强学习、抓落实’作为做到‘两个维护’的具体行动，作为衡量‘四个意识’的试金石，以更加坚韧的意志、更加过硬的作风、更加规范的执业，塑造遵义律师新形象，书写时代新华章，努力当好中国特色社会主义的合格‘法律人’。”市司法局党组书记、局长汪立说。

（本文原载《遵义日报》2020 年 10 月 31 日，第 2 版）

责任与担当：在全面履职上“细”做文章

《遵义律协为何声名远播？》系列报道之二

文/张纯 《民主与法制》记者

遵义是历史古城、红色名城，也是一座转折之城。

遵义之名，出自《尚书》：“无偏无陂，遵王之义。”意在遵循贤哲先王的教导，行为要端，做事要正。正是秉承这种人文精神，从1979年恢复重建律师制度以来，伴随国家改革开放的步伐，在党的十八大、十九大精神的指引下，遵义律师事业顺风扬帆，蓬勃发展。

律师作为我国法治建设不可或缺的重要群体，肩负着重大的社会责任和职业使命。遵义律师立足新时代的新要求，推进服务经济发展，积极参政议政，助推法治建设，维护社会平安稳定，全面履行自己应尽的社会责任。

雄关漫道真如铁，而今迈步从头越。2021年，是“十四五”规划的开局之年。时不我待，重任在肩。我们从省会贵阳出发，摊开贵州律师硕果累累的成绩单。回顾以往，放眼当前，展望未来，站在两个一百年奋斗目标的历史交汇点上，看遵义律师又将如何履行职能、行使权利。

当好"服务员" 为保障经济发展勇猛发力

"有什么法律问题,你们都可以提出来,我们会耐心逐一解答。"2020 年 5 月 21 日,贵州佳信律师事务所主任丁汉刚一行前往遵义杰雄广告有限责任公司,开展法治体检专项活动。

通过了解情况、收集问题、对接服务,丁汉刚对该企业复工复产提供了法律指引,详细了解了企业复工复产后的生产经营状况、疫情防控安排、货款纠纷等问题,一一解答了现场企业的法律咨询,又提出了一条条风险防范建议。

除了实地走访,遵义律师王良友还通过线上方式,为遵义海诚广告有限公司提供了法治体检,并向该企业提供了《劳动用工风险防控工作方案》和《劳动合同书》,针对不依法制定劳动规章制度、组建工会、招聘员工等 6 个方面存在的法律风险,提出了专业性实用性的处置意见。

"平时看电视,感觉律师都是酷酷的,精英范儿十足,真的没想到这么平易近人。这次得到他们的当面指导,对我们企业帮助很大。"申报获取"体检"的企业表示,律师们提供的专业意见犹如及时雨,为他们进一步复工复产树立了满满的信心。

善积跬步,方至千里。2020 年以来,遵义市已有 58 名律师为 32 家企业提供了免费的法治体检服务。其间,遵义市律协组织律师主动对接、认真履职,走进企业,采取座谈、走访的形式,对申请"体检"的企业进行了"把脉问诊"。

对此,遵义市律师协会会长令狐兴中介绍,法治体检工作的开展,是继遵义市律协在疫情期间成立公益法律服务团为企业复工复产提供法律帮助后,助力全市经济社会发展的又一重要举措,是律师担当社会责任的重要体现。

与此同时,遵义律师紧紧围绕市委、市政府工作大局,参与重点工程、重大项目建设,有针对性地深入重点工程建设单位管理环节,帮助项目业主解决生产经营中遇到的法律问题,帮助企业防范风险,扎实有效地为重点工程项目建设提供法律服务。

例如,与之律师事务所近年来为市政府重点项目北海路、渝黔铁路提供专项服务;贵遵律师事务所先后组织团队,深入到贵州彩阳集团、贵州森航集团开展法律体检活动,为企业的发展开出法律“处方”,提供可行性建议;牧心律师事务所致力于打造西南地区行政征收专业法律服务团队,承接了遵义市汇川区上海路道路改扩建工程项目和与其配套的干田坝、荷花池棚户区改造项目,以及遵义市红花岗区两中棚户区改造共计 9600 户被征收人的依法征收项目。

与此同时,遵义律师还积极投身脱贫攻坚战,积极发挥职能作用,助力打赢这场硬仗。遵义市律协统一认识,律师积极响应,对相关工作进行安排部署,设立农民工法律援助工作站、贫困人口法律援助工作站、道真县石笋村精准扶贫工作站、成立扶贫基金管理委员会等专门工作机构。

不仅积极出力,而且慷慨出手。据不完全统计,仅在 2019 年度,全市律师就为脱贫攻坚工作捐款共计 70 余万元。

“脱贫攻坚这一块我们律师做了大量的工作,因为遵义下面也有多个贫困县。经过各方几年的努力,我们遵义全部宣布脱贫。”令狐兴中会长表示,中央提出脱贫攻坚战以后,遵义市律协就成立助力脱贫攻坚领导小组,积极开展活动。其中,2016 年 9 月 7 日,参加遵义市法治宣传助力精准扶贫送法下乡活动,在道真县忠信镇忠信中心学校,律协向石笋村捐款 10 万元并指派 10 名律师在现场参与各项活动。

考虑到疫情的影响,遵义市律协在 2020 年 2 月上旬发出倡议,共募集捐款 30 多万元及时捐到遵义市红十字会。让令狐兴中会长备感欣慰的是,彼时正值第二批遵义医疗队到湖北。“医疗队原本每人只有一件防护服,正好那天我们捐款从南阳买来的防护服到了,每个人从一件增加到三件,他们非常高兴。”令狐兴中会长说。

在履行社会责任这一块,遵义市律协可谓是个中翘楚。不仅每年投入大量的人力物力,大力支持公益事业的发展,而且在危急关头总是冲在前沿,身体力行、义无反顾地服务遵义社会经济进步发展。

当好“建言者”　为推进法治建设精准献策

法律服务是一门崇高而神圣的职业,律师不仅要出色地完成委托事项,更要履行社会责任、伸张正义。在具有光辉革命传统的红色名城遵义,律师参政议政热情高、能力强、成效大。

对律师参政议政,遵义市律协一直很重视。令狐兴中会长介绍说,在市委统战部、市司法局和市律协的共同努力下,通过举办专题培训班,物色、培养、推荐优秀律师担任各级人大代表、政协委员,畅通律师参政议政渠道,提高律师参政议政能力,相关工作取得长足发展。

2014 年 10 月,遵义市律协与市委统战部、市司法局共同举办“律师行业骨干培训班”,为律师参政议政培养人才。2016 年,律协紧紧抓住“换届年”这一大好机遇,积极作为,通过各种渠道和方式,大力宣传律师“中国特色社会主义法律工作者”的政治定位,宣传律师在经济发展、社会和谐稳定和民主法治建设中的职能作用。

“在换届中,产生县、市级律师党代表 4 名,县级律师人大代表 8 名、律师政协委员 23 名,市级层面产生律师人大代表 4 名、律师政协委员 10 名,这在只有 800 名律师的群体中,比例相当高。”言谈话语间,令狐兴中会长颇为自豪。

细算下来,加上后面增补的人大代表、政协委员,共有 54 人担任各级党代表、人大代表和政协委员,参政议政人数比例高居全国前列。为此,《中国律师》在 2018 年第 3 期进行了专题报道。

贵州他山律师事务所主任张洪平便是其中的一员。

张主任温婉可亲,身材娇小,给人感觉就像一位“邻家姐姐”。深入了解后,才知道作为遵义市第四、五两届人大代表,她是一位不折不扣的“老代表”,在参政议政中扮演着重要的角色。

遵义市人大法制委由 7 名委员组成,她便是其中之一。自市人大法制委成立以来,全体委员协同市政府立法专家和各级政府法律顾问,参与了两部地方法规的审议。

随着国家精准扶贫工作在黔北老区展开,一批批精准扶贫行动受益者纷纷做起了小老板,购买、租用门市装修开店者大有人在。作为遵义市人大代表,张洪平参与了《遵义市建筑装潢管理办法》的论证。该管理办法出台后,全市的门店建筑装潢乱象不见了,取而代之的,是街道两边一派简洁大方。

除此以外,张洪平有些议案内容,涉及违法房地产开发、信访程序中的违法上访等问题。这些无疑都是颇为尖锐的，触碰到了有关人员的利益，压力不可谓不大。尽管如此，张洪平的议案仍然顶着各方压力努力完成，产生了良好的社会效果。

“参政议政工作体现出了律师作为社会主义法律工作者的责任和担当，使律师的站位更高，不局限于维护当事人的合法权益，而更为国家法治的进步贡献一份力量。”张洪平说。

任何事物的发展进步都不是一蹴而就的。推动遵义律师参政议政作为一项“系统工程”，其发展过程也是一步一个脚印。作为律师参政议政的直接“推进器”，律协所做出的大量工作有目共睹、尽人皆知。

遵义市律协始终认为，律师参政议政可以为经济社会发展起到巨大的推动作用。例如遵义仲裁委的设立、特殊教育学校建立等律师议案提案，得到了党委、政府的充分肯定。

对此，同样作为一名有近 20 年参政经验的“老兵”，令狐兴中会长指出，律师在参政议政中要深入实际，发现社会中切实存在的问题，并对这些问题给予关注，提高提案议案质量，围绕大局参政议政。“从事参政议政工作不仅是‘两代表一委员’律师，担任党委、政府法律顾问的律师，参与地方立法建设的律师也是参政议政的主体。”令狐兴中会长表示。

实际上，遵义律师直接参政行为在形式和内容上，可谓是百花齐放、异彩纷呈。尤其强调的是律师直接参与立法工作。目前，他山律师事务所、山一律师事务所作为遵义市人大基层立法联系点，已经有 6 名律师被聘为立法咨询专家。

据了解，他山律师事务所张毅律师参与了市地方性法规《遵义市海龙屯保护条例》的起草工作；佳信律师事务所受市人民政府原法制办委托，起草《遵义市停车场管理办法》；与之律师事务所多次参与《遵义市装饰装修管理办法》《遵义市城乡规划管理技术规定》《遵义市主城区既有住宅增设电梯管理办法（暂行）》的立法论证会并提出修改建议，还代为起草《遵义市查处违法建设条例》立法草案。另外，多名律师参与上述地方性法规的咨询和论证工作。凡此种种，都彰显了遵义律师参与法治政治建设的方式之多与水平之高。

遵义律师活跃在参政议政的舞台，发挥参谋助手的作用；担任政府法律顾问，发挥律师专业优势参与地方立法。遵义市司法局局长汪立在接受记者采访时指出，遵义律师坚持围绕中心、服务大局，积极发挥专业优势和职能作用，在参政议政、服务经济社会发展、维护群众合法权益、保障社会和谐稳定方面做了大量工作，得到广大市民的普遍认可，取得了较好的社会效益。

“律师是我国法治工作队伍的重要组成部分，是全面推进依法治国的一支重要力量。”汪立指出，遵义市律师在努力做好传统诉讼业务的同时，积极向社会事业的各个方面延伸和拓展，提供优质高效的法律服务。目前，广大律师服务社会主动承担一份责任，既服务了社会发展大局，又拓展了律师法律服务工作新领域，增强了律师对司法行政部门的认同感和归属感。近年来，遵义律师进一步拓展社区律师工作，把律师服务向基层、向农村拓展，实现全市律师进社区进乡村全覆盖。

拥有参政议政强大“基因”的遵义律师，定会围绕推动法治环境建设、法治政府建设、法治氛围营造，积极履行律师法律服务职责，充分展示出为“法治国家、法治政府、法治社会”建设贡献专业力量的能力，大显身手。

当好“志愿者” 为打造平安遵义迅猛奔跑

2020 年 10 月 10 日，遵义市余庆县龙溪镇何家湾易地的广场上，正在召开一场特殊的宣讲活动。

在活动现场，县城的老百姓们坐在马扎上，除了大部分青年，还有七八十岁的老人以及抱着孩子的妇女。他们都聚精会神地望向一个地方，安安静静地听讲，脸上时而神情困惑，时而又豁然开朗，听得津津有味。

原来，名城（余庆）律师事务所律师陈兴义正在作一场演讲。这是余庆县司法局安排的“扫黑除恶”专项斗争宣讲活动。陈兴义律师用浅显易懂的语言，从到底什么是黑恶、黑恶给群众带来的伤害以及对社会造成的危害入题，明确了扫黑除恶是一项需要大家齐心协力的长期任务，需要通过宣传，营造良好的扫黑除恶氛围。

活动过程中，该所的李其琴律师通过发放宣传资料方式，向群众详细解说有关“黑”“恶”的知识,前前后后共发放宣传资料 300 余份。

与此同时,律师们还专程前往监狱。通过对北斗山监狱内余庆籍服刑人员进行严密摸排,以对话的方式建立良性沟通渠道,以温和的手段剥离滋生黑恶的土壤。

在扫黑除恶方面,为进一步加强对律师参与涉黑涉恶案件辩护代理业务的统一指导、协调和监督,律协召开专题会议,安排部署研究全市律师参与涉黑涉恶案件辩护代理的指导工作,制定《关于律师办理黑恶势力犯罪案件的操作指引》,加强对个案的指导。

截至 2020 年 11 月 30 日,遵义律师共办理涉黑涉恶案件 124 件,有 130 名律师参与了辩护代理工作。案件办理中,广大律师严格遵守职业道德、执业纪律,依法依规履职,在充分维护当事人合法权益的同时,有力配合了专项斗争的顺利深入开展。

遵义律师在积极参与扫黑除恶宣传活动和扫黑除恶专项斗争的同时,仍不忘推进信访工作的重要性。

为扎实推进律师参与化解和代理涉法涉诉信访案件工作,遵义律协遴选、调整涉法涉诉专家律师。2018 年 12 月 1 日,在遵义市 2018 年律师参与化解和代理涉法涉诉信访案件工作培训会上,由专家进行专题培训。同时,还有专家律师在公、检、法值班,继续开展涉法涉诉案件评查工作,取得了良好的效果。

在中央政法委下发《关于建立律师参与化解和代理涉法涉诉信访案件制度的意见(试行)》后,遵义市律协主动作为,在贵州省率先成立领导小组,制定工作制度,通过评析信访案件、做好释法劝导工作、提出处理建议等方式,充分发挥律师作为第三方化解社会矛盾的重要作用,建立了由 251 名律师组成的专家库,通过指派律师进驻政法机关和信访部门,化解了一大批信访疑难复杂案件。2017 年 3 月 31 日,遵义市召开涉法涉诉信访改革暨律师参与化解和代理涉法涉诉信访案件工作推进会,第一次由市委政法委表彰 30 名先进律师,充分肯定了律师工作。

此外,为了高效开展法治宣传工作,推进法治遵义建设,遵义市律协特地推荐 32 名律师加入“遵义普法讲师团”。讲师团律师成员积极参与普法活动,黎治忠、李瑛律所分别受邀到红花岗城市建设投资经营有限公司、市国资委开展专题普法讲座。在市司法局、市律协的统一安排部署下，遵义律师积极参加遵义司法在线等媒体节目，就生活中普遍存在的法律问题，为广大群众答疑解惑。2019年8月，15名律师参加市委政法委组织的2019年执法质量案件评查工作；9月，为更好地发挥律师在预防和化解矛盾纠纷中的优势，律师协会、舸林、新长征三个“律师调解工作室”挂牌；9月，按照仁怀市司法局“酒都法治宣讲堂”活动安排，仁怀市律师走进63所学校进行法治宣讲。

不仅将自己的力量发挥到最大限度，遵义市律协还借鉴新时代“枫桥经验”，加强警律协作。2020年，在老城派出所设立公益性法律服务工作站，这是遵义律协与市公安局红花岗区分局一项重要的创新型协作。在全市公安机关和律师行业的共同努力下，老城派出所的枫桥式派出所创建工作取得实效，同时也为全市公安机关创建“枫桥式公安派出所”提供可借鉴的经验。

为了更加扎实可靠地服务于公益建设，遵义市律协遴选了25名政治素养高、业务能力强的优秀律师组建了公益性法律服务律师团队，于每周二、周四12:00至17:00进驻老城派出所工作站开展现场法律服务。并根据老城派出所的具体工作需要，在其他时间安排专项现场法律服务。

法律服务的主要工作内容可谓包罗万象、五花八门：协助老城派出所解决辖区信访问题、化解辖区矛盾纠纷、开展法治宣传、维护群众合法权益；为公安机关依法行政、依法办案提供参考性意见，等等。

经过3个多月的试运行，律协公益性法律服务驻老城派出所工作站律师现场服务40人次，接待当事人45人次，开展法律咨询32件，参与纠纷调解8件。

遵义市委常委、市委政法委书记，遵义市法学会会长刘晓渝接受记者采访时，对遵义市律协履行社会职责做了准确的概括与归纳。他指出，近年来，遵义市律协在规范法律服务市场、维护当事人合法权益的同时，积极搭建律师参政议政平台，通过组织律师担任法律顾问，提供法律咨询，参与政府决策，在推进法治政府建设、服务经济社会高质量发展中发挥了积极作用；通过组织律师开展案件评查,参与矛盾纠纷调处和涉法涉诉信访案件化解等工作,在维护司法公正、促进社会和谐稳定上发挥了重要作用;通过推进“一村一法律顾问”、组织青年律师志愿者团队、律师事务所党支部与易地扶贫搬迁安置点党支部结对帮扶等形式,开展普法宣传教育,传播法律知识和法治理念,有效发挥了公共法律服务供给生力军的作用,有力促进了法治遵义建设。

多年来,遵义市律师立足新时代对律师行业的新要求,不忘为人民服务的初心,积极服务全市经济社会发展,积极参政议政,助推法治建设,维护社会平安稳定,全面履行律师社会责任。

经济发展需要法律指导,遵义律师义不容辞站上讲台、走进基层,倾尽毕生所学,只为打消公众疑虑,加强企业法律认识;政府加强弘扬法治建设,遵义律师便冲锋陷阵,参政议政,以扎实的专业基础和敏锐的法律嗅觉,为政府工作建言献策;国家提倡公益建设,不用说,这群人早就身体力行地扎根遵义建设多年,用实际行动向外界郑重宣告:律师不只会打官司,他们的身上,具备无限可能。

放眼望去,前程万里,道路漫长。肩挑重担的遵义律协,一鼓作气,一往无前。

(本文原载《民主与法制》2021 年第 3 期)

能力与实力:在内强素质上“精”下功夫

《遵义律协为何声名远播?》
系列报道之三

文/张纯 《民主与法制》记者

“台上一分钟,台下十年功。”沉稳出色的外在表现,来源于底蕴深厚的内功。“内练素质”这一法宝,正是遵义律师不断修炼、不断成长的内功秘籍。

内练素质,就是重视与加强政治素质、业务能力建设。多年来,贵州省遵义市律师协会通过组织全市律师积极开展政治学习,在做好业务培训的同时,还积极为青年律师搭建平台,为律师事业的长远发展储备人才。

此次,记者翻开了他们的“武功秘笈”,得以大饱眼福。

制度建设与党建引领

——“新思想”造就“新风尚”

春秋政治家、思想家管仲曾说过:“有道之君,行治修制,先民服也。”意思是说,善于治国理政的人,懂得通过制定有效制度来管理国家,从而达到众民皆服的目的。而作为地方律师协会,同样要通过制度保障来加强作风建设,努力把这方寸之地建设为方圆之所。

这也是贵州省律协副会长、遵义市律协会长令狐兴中所推崇的。遵义市律协自成立以来,对制度管理极其重视。先后制定了《章程》《律师会议制度》《常务理事会会议制度》《遵义市律师协会新闻发言人制度》等制度,保证协会的有效运转,加强律师队伍建设,完善律师执业惩戒机制。同时,在近几年开展大量活动,树立形象,提升知名度,无形中一步步扩大了遵义律师的影响。

有了良好的制度,更应该不折不扣地遵守执行,有股子认死理的"较真"劲儿。遵义市律协在对律师事务所和律师的管理上,一贯都动真格、来真的;在律所及律师诚信考核和律师年度考核上,也决不走过场;对律所和律师参与的其他活动,要求十分严格。

值得一提的是,2020 年 6 月,遵义市司法局与市律协开展了律师行业集中学习教育整顿活动,对全市 120 家律师事务所、1151 名执业律师开展教育整顿。截至 2020 年 12 月底,通过自查自纠发现问题共 400 条,经过细致梳理,针对具体问题提出整改措施 89 条,各律所和律师完成自查报告 1400 余份。

此次集中学习教育整顿活动,在取得了学习效果的同时,也达到了教育惩戒的目的。对此,遵义市司法局分管副局长王利民指出,"律师队伍管理决不能失之于宽、失之于软,一定要从细微处入手,既立足当前实际,又着眼长远发展,以学促改,专心致志、持之以恒上好'学习课',不断推进律师队伍理性成长、健康发展、均衡发展"。

道阻且长,行则将至。经过 6 年的探索和努力,遵义市律协第六届理事会在发展中不断完善规章制度,强化管理职能,提高管理水平;进一步健全律师执业惩戒与实习人员考核机制,加强内部监管,重视职业道德规范和执业纪律培养,先后成立了 13 个专门委员会、14 个专业委员会。法治建设不仅需要制度保障,更需要思想政治建设的引领。让法治的光芒照遍黔北大地,是遵义党员律师孜孜不倦为之努力的头等大事。推动中国特色社会主义法治体系建设,遵义党员律师更是敢为人先,当仁不让。

"法律人必须要有坚定的信仰,信仰社会主义法治,信仰中国共产党的领导。"经过多年的实践和探索,令狐兴中会长认为这是律师必须具备的首要条件。

2017年11月，遵义市律协在全省率先成立了律师行业党委，进一步完善了党员律师管理体制，理顺了党组织关系。此前，遵义市司法局党组与市委组织部、市直机关工委联合印发了《关于加强和改进全市律师行业党的建设工作的实施意见》，为遵义市律协开展党建工作指明了方向，提供了有力支持。

据统计，遵义市行业共有1个行业党委、1个行业党总支、20个律所党支部、10个联合支部。“律师吃的是法律饭，宪法是我国的根本大法，中国共产党的领导地位写进宪法，在律师队伍中建立党组织，有着重大的现实意义。必须抓好律师的党建工作，才能确保律师事业发展的政治方向。”令狐兴中会长如此强调抓好党建工作的重要性。

近年来，在律师人数不断增加、律师事业日渐繁荣的情况下，遵义市律协始终坚持党对律师工作的全面领导，自觉把习近平新时代中国特色社会主义思想特别是习近平法治思想作为行动指南，全面加强党的政治建设、思想建设、组织建设、作风建设和纪律建设，大力推进律师行业高质量发展。遵义市律师队伍不断壮大，律师事业蓬勃发展。

据悉，截至2020年12月31日，遵义市律师事务所共有121家，其中外地律所在遵义设分所5家；律师人数1595人，律师万人比达到万分之二点三。

对此，遵义市委常委、市委政法委书记刘晓渝给予了高度评价，“遵义律协牢固树立‘服务大局，执业为民’的理念，切实加强与各社会阶层之间的联系，及时向党委、政府反映人民群众的诉求，引导广大律师自觉投身依法治市和市域社会治理现代化试点城市创建工作，在服务经济社会高质量发展、维护社会和谐稳定、服务保障民生以及推进平安遵义、法治遵义建设上，发挥了不可或缺的作用，作出了积极贡献”。

业务培训与学术论坛

——“大平台”成就“真本领”

首日直播点击突破46万，次日直播点击近57万。

您可别看错了，这可不是网红带货直播，而是遵义市2020年度执业律师培训现场直播数据。2020 年 6 月 20 日,遵义市律协为全市律师带来了一年一度的法治“饕餮大餐”,此次培训涵盖职业道德、学术理论、实务操作、文化建设等一系列内容。

而这次培训,只是遵义市律协律师培训的一个小小缩影。实际上,提高队伍建设,是遵义市律协一直踏踏实实、认认真真在努力做的事。

“在我们看来,每年的执业律师培训,都应当是奉献给律师们尽情享用的一顿精神‘大餐’。因此,这些年来,我们先后邀请了陈光中、陈瑞华、张保生、顾永忠、乔新生、车浩、左卫民等知名法学家,著名律师张青松、钱列阳、韩嘉毅、王才亮等业内大咖,以及律师的好朋友刘桂明、刘耀堂等,为遵义律师授课,答疑解惑,传经送宝。”据令狐兴中会长介绍,除了积极引进省外专家,律师协会还分别邀请了贵州知名学者顾久、曾祥铣、黄先荣等,进行本土文化传承。“这些老师不但传授了知识,也带给我们人格的力量,让我们受益匪浅,滋润并鼓舞我们遵义律师不断前行。”

上述种种,都展现了遵义市律协对年度培训的高度重视,也彰显了作为“船长”的令狐兴中会长对律师行业学习的深入思考。

在令狐兴中会长看来,职业特点决定了律师是一个需要终身学习的行业,这既是司法部和中华全国律师协会的要求,也是律师自身工作的需要。他说:“尤其是在我们西部律师发展专业化程度不高的情况下,律协作为管理和服务律师的组织,更有办好年度律师培训的职责,义不容辞,责无旁贷。”

值得一提的是,在培训的同时,遵义市律协还致力于打造法律职业共同体。仅在 2020 年的一次执业律师培训现场,除律师参加外,全市各级检察院的 1000 余名检察官、干警等,也通过直播,同步进行了学习。为此,令狐兴中会长指出,一个地方的法治环境,需要法律职业共同体的共同努力。这次 1000 多名检察官与律师同台培训,同台学习,同思同想,相互学习,就是一个良好的开端。

遵义市律师培训工作一直走在全省前列,始终坚持邀请法学名家、泰斗登台授课,效果显著。

除了请进来,遵义律协还坚持走出去。

2019 年,遵义律师一行来到了北京。六月的北京繁花似锦,生机盎然。“北京·遵义律师事务所管理培训班”如约举办,30 余名北京中小律所主任、管理合伙人和 54 名遵义律所主任参加了这一活动。

“那次培训,北京市律师协会也相当给力,为我们承担了食宿费用。”令狐兴中会长说,“培训班不仅增进了两地律师的友谊,加强了遵义律师与北京律师的沟通,不断开拓视野、加强学习,也促进了遵义律师行业的发展壮大”。

据了解,培训班不仅包括管理、业务培训等课程,还实地走访了几家北京律所。课程结束后,两地律所主任举行了座谈交流,还就此建立了沟通机制。

除了走出去与请进来的培训,遵义市律协组织的培训可以说是辐射范围广、师资力量强、课程范围大。令狐兴中会长对记者介绍,在前几年的培训中,铜仁市、毕节市的律师也受邀与遵义律师一起培训。每一年的培训,都有贵阳、安顺等地的律师前来“蹭课”。

内练素质,是遵义市律协的诸多“兵法”之一。其中,让记者印象深刻的,还有对青年律师培训的重视程度,从每年度举办的申请律师执业实习人员培训会上可见一斑。

2019 年,遵义市律协在举办贵州省 2019 年度申请律师执业实习人员遵义站培训活动上,面对来自 8 个市州的 670 余名学员,形式多样,创新十足,推出了一个又一个“第一”。

第一次在实习律师培训期间利用“律 +”平台,举办了会长论坛;第一次成立了班委会,建立了跨区域的微信业务交流群;第一次组织全体学员前往遵义会议会址,开展了一场别开生面的现场教学;第一次邀请了来自山东、广东、重庆等地的老师,引导学员们开眼界、正视听、树理念……

此外,此次培训实行实习小组自行管理,打破过去由培训工作人员打考勤的惯例。

“律师分成 15 个组,组长、班委、纪律委员、生活委员、学习委员,一应俱全。每天上课的时候,各个组把考勤纪律报给纪律委员,纪律委员报给班长,班长再报给负责培训的秘书长。请假有严格规定,没有我批准是不准请假的。”令狐兴中会长对培训非常重视,“培训时间也实现了新突破,从原本的 5 天,扩展到 7 天,让学员们学习时间更长、体会更深、收获更多”。

培训是修炼内功的重头戏。此外，为了促进律师提高业务能力，近年来，遵义市律协还先后举办了6次优秀辩护词、5次优秀代理词评选活动。

“1979年开始恢复律师制度时，遵义只有十几个律师。到如今，已拥有近1600名律师。遵义律师从小到大，从弱到强，不断发展起来。这其中，遵义市律协注重培训工作，提高律师的理论水平和执业能力，所产生的作用不容忽视。”作为遵义最早一批的律师从业之一，崇尚律师事务所何晓黎律师对记者说，职业水平有大幅度的提高，这有目共睹的成就，与我们律协领导班子的高瞻远瞩、缜密策划和辛苦工作是密不可分的。

文化建设与红色基因

——“软实力”练就“硬功夫”

遵义因其光辉历史和独特地域的原因，形成了以酒文化和长征文化为主线的独特地方文化。同时，在其文化的深层里，依稀可以看到巴蜀文化睿智休闲的灵气和本土少数民族勤劳、质朴、骁勇的锐气。

综观遵义历史与文化，从汉代“三贤”盛览、舍人、尹珍，清代“三儒”郑珍、莫友芝、黎庶昌，到扭转历史命运的党的遵义会议和抗战期间浙江大学的迁临，遵义人民在长期的革命和建设中，以人文荟萃的历史文化和长征精神为依托，形成了与时俱进的遵义特色，是贵州文化乃至中华文化的重要组成部分。

风格鲜明的遵义文化在当地律师文化中，也得以窥见一二。经过多年积淀，遵义文化不断以其求真务实、睿智犀利的内涵，催生着律师文化的前进与成长。

“律师文化建设的核心是以律师为本，着力提高律师的思想道德和法律素养，使律师不断提升新的高度和新的审美境界达到和谐统一。”自2014年担任遵义市律协会长后，令狐兴中对文化建设可谓倾尽全力。

“律师文化建设必须有载体，而协会组织开展活动是律师文化建设的主要载体。通过活动，把律师文化建设的内容深入进去，让广大律师在活动中自觉不自觉地受到熏陶。”令狐兴中会长指出。

在文化建设上,遵义市律协依托年度培训,不断提升律师文化素养。针对遵义这一红色之城讲授长征文化,针对遵义这一历史文化名城讲授历史文化,针对律师自身的不断学习讲授律师与文化自觉,还邀请专家学者讲授道德经与法治课程。

值得一提的是,就在记者一行来采访的前两天,2020 年 11 月 20 日,遵义市律协召开了律师文化建设座谈会,邀请了遵义各界知名的 10 位专家学者,为律师文化的建设建言献策,把脉问诊。

文化建设是一个大命题,怎么做好这一份答卷?这其中的曲折、奥秘恐怕只有足够老到的人才能道出一二。令狐兴中会长指出,党的十九届五中全会明确提出了文化强国目标。"这是一个新的契机。结合遵义的历史及发展,结合十九届五中全会精神的贯彻落实,此次律师文化建设座谈会恰逢其时,让人如沐春风。"令狐兴中会长说,遵义文化名人齐聚一堂,请他们出谋划策很有必要,事实也证明效果相当不错。

与此同时,在律师文化建设中,遵义市律协重视与政法委、法院、检察院、公安局的沟通,打造法律职业共同体文化建设。对此,令狐兴中会长提出,一个区域有一个区域的文化,也自然有一个区域的法律文化,与法官文化、检察官文化等一样,律师文化也是区域法律文化的重要组成部分。

在遵义市委政法委的支持下,遵义律协 2017 年《遵义律师》增刊一期《参与化解和代理涉法涉诉信访案件专辑》,及时总结遵义律师在参与化解和代理涉法涉诉信访案件工作中的经验;与遵义市中级人民法院进行法官律师对话论坛,及时沟通双方在司法实践中遇到的问题。

2015 年 6 月,令狐兴中会长还应邀在遵义市中级人民法院、上海市第一中级人民法院共同主办的"公正为民、敢于担当——邹碧华精神研讨会"上,发表题为"构建法律职业共同体的关键——学习邹碧华精神有感"的演讲。遵义市律协已连续与市检察院共同举办 4 届遵义检察官律师辩论赛,通过这个平台,加大了与检察院的密切交流与积极沟通。

为了进一步加强对文化建设的支持,遵义市律协还成立了文化(宣传)建设委员会,围绕律师之家和红色文化,帮助律所和律师做好文化建设这篇大文章。

“成立文化建设委员会,在全国律师协会还不多。我们把文化放在前面,因为觉得文化是根的东西,是灵魂的东西,是血脉的东西。没有文化的支撑,律师事业的建设与发展是绝对不行的。”令狐兴中会长说。

他认为,在律师制度恢复重建40年后的今天,律师文化建设处在新的起点,要创新工作思路和工作方式,以制度建设推进律师文化建设,化虚为实,从深处、细处着手,以扎实有效的律师文化建设凝聚遵义律师人心。

下一步,令狐兴中会长的想法是,提出一个明确的目标,把遵义律师文化建设推进成为全省乃至全国的品牌。

“我们的蓝图正在绘制中,我们的时间表、路线图,结合‘十四五’规划,要制定目标。短期目标、长远目标是什么。要做方案,具体按照方案来做。我们有文化基础,单凭《遵义律师》杂志坚守了18年、《遵义律师志》能够正式出版,便可知一二。”令狐兴中会长胸有成竹,信心十足。

律师文化建设应当遵循内化于心、固化于制、外化于形、实化于行的原则。文化(宣传)建设委员会要不断扩大影响,广纳人才,务实务虚,努力工作,推动遵义律师文化建设工作更上新台阶。令狐兴中会长深谙此中之道。

无论是不断强化的制度保障,还是从未缺席的业务培训,抑或是孜孜不倦的文化建设,都展示着遵义市律协不断进步、自我强化的努力付出。

遵义市律协一贯强调内在素质的磨炼与强化,即便这个过程是那么的冗长与繁琐,即便短时间无法展现出明显的效果,但他们还是执着坚持,持之以恒。只因他们深知,只有经过不断打磨,才能练就一身过硬本领,才能更好地回应民众的呼唤与需求,满足时代的不断变化。

遵义市律协内在素质的操练与检阅,一直在路上,永远在路上。

(本文原载《民主与法制》2021年第3期)

平台与舞台：在外塑形象上“化”成口碑

《遵义律协为何声名远播?》
系列报道之四

文/张纯　《民主与法制》记者

有一位做律师的朋友，会是什么体验？

律师回答：把我留在你的电话簿里。没问题时，我是个电话号码；有问题时，我是一个工具人。

这个略显搞笑的调侃，令人啼笑皆非。律师，这个看起来很美、听起来很阔的职业，留给人们最初的印象，是谈判桌上的慷慨陈词，是法庭上的舌战群雄。而如今，他们又常被冠以“工具人”的标签。

记者走进遵义市律协，看到的则是另外一番景象。他们是杂志中的律政精英，是赛场上的最佳辩手，是普法教育的行动者，是公益活动中的冲锋者。他们有讲台、有平台、有舞台……

那么，他们是如何向社会介绍自己的？又是如何打造属于自己名片的？

请大家跟随记者，一探究竟！

一本杂志的十八年　是坚守更是传承

踏入遵义市律协的办公区，《遵义律师》的展示杂志格外引人注目：封面上的年轻律师，一个个看起来自信且阳光,眼神中透露着睿智和沉稳,让人兴致大发、情不自禁,想翻开细细阅读……

这本创刊于2003年的杂志,如今已然成为遵义市律协乃至西部律师的一张名片。《遵义律师》自创办以来,就致力于宣传和展示遵义律师风采,弘扬法治精神,更是在2014年起推选优秀青年律师作为《遵义律师》杂志封面人物,大力宣传律师正面形象。

翻开后,可以看到这本杂志将《党建工作》专栏排在前列,意义非凡;《律协工作》专栏里的新闻,则梳理了近期遵义市律协开展的各类活动;《律师论坛》栏目,是为律师提供交流业务、提高业务素质的平台;而《律师文苑》《悦读》等栏目,更丰富了律师文化生活,展示了律师的深厚内涵。

作为杂志的创刊人,贵州省律师协会副会长、遵义市律协会长令狐兴中经历了杂志从无到有、从有到优、从优到精的全过程。18年来,这本杂志一步步地成长为遵义律师强有力的宣传品牌。

“律师文化建设要有自己的平台。律师制度恢复重建40多年,律师职业特别需要宣传,这是律师文化建设的社会化的需要。”令狐兴中会长说,地方律师协会要特别重视宣传工作,《遵义律师》就是我们的载体之一,就是让社会上更多的人了解律师和律师制度,在树立律师形象的同时,也加强了律师文化建设。

如今,这本杂志已经“小有名气”。遵义市律协定期向市、县级主要领导和政法机关赠送,同时也得到时任市委常委、宣传部部长丁福秋,时任市委副书记、政法委书记宋晓路等领导的充分肯定,受到政法机关干警好评和广大律师的喜爱。

让令狐兴中会长欣慰的是,这本杂志不仅得到了肯定,同样也收到了“惦记”。“昨天还有位市领导专门给我打电话,问怎么两三个月没收到。”令狐兴中会长笑着对记者说,“我对他说我们杂志三个月一期,一出刊就马上寄!你看他都已经形成习惯了。”

从令狐会长的言辞中,记者可以看出他那股发自内心的骄傲和自豪。记者看出,这本杂志在令狐会长心中有着沉甸甸的分量,不仅积蓄了深深的感情,也付出了数不清的汗水。而这张亮闪闪的“名片”,不只是一份回忆,更是一份坚守和责任。

时值2002年,遵义律协换届。彼时,新一届会长班子雄心勃勃，都说贵州文化在黔北，遵义律师应该有自己的文化品牌，应该有自己的刊物，于是决定创办《遵义律师》杂志。

令狐兴中会长主动挑起重担，担任主编，当上了一个没有兵的光杆司令。

回想起那时候，令狐兴中会长仍感叹不已。杂志创办的前几年，一直处于“三无”状态——没经费、没人员、没稿源，难度可想而知。

“因为没有稿费，所以稿源很难确保质量和数量。况且没有专职的人来做，从审稿到排版到后面的印刷发行，都是在摸索中前进。”令狐兴中会长说。

一个“难”字，说起来轻若鹅毛，做起来却需要一步一个脚印，攻克一道道关卡。这里面如果没有“热爱”的养料，何谈坚守，况且是整整 18 年。

那是 2005 年一个炎热的午日。令狐兴中会长上午忙完业务，马不停蹄赶往印刷厂。从早上 8 点到午间时分，一口水都没空喝，分身乏术却又一刻不敢耽搁。没承想，一张照片由于清晰度问题，需要更换。

接着，令狐兴中会长马上联系该文的作者余大培律师，由于那时网络欠发达，需要作者将内文配图送到印厂。余大培抵达时，已经下午两点多，看到令狐兴中会长专心地在印刷厂电脑室设计版面，又听闻他还未吃午饭，这让年逾 60 的余大培律师为之动容，连连道谢。

令狐兴中会长从 2003 年起担任主编，虽无任何报酬，却也无怨无悔。直到 2018 年 10 月换届连任后，令狐兴中会长将主编重任交到了年轻人手中。

从没有刊号到有内刊号，从印刷 800 册到 5000 册，从没有稿源到主动投稿者蜂拥而至、稿件源源不断。至今，《遵义律师》已发行 71 期，在遵义法律人群体中有很大影响，得到省司法厅、市委、市政府的高度评价。18 年来按时出版，按时递送到律师及有关领导和部门负责人手上。

“《遵义律师》杂志在律师文化建设方面是一个很好的载体。在外树形象上，《遵义律师》搭建了一个平台，让各级领导及法律人认识、了解遵义律师,也让各级领导看到律师在民主法治建设、社会经济发展中发挥的作用。”令狐兴中会长感慨不已。

在记者看来,这不仅仅是一本杂志,更是一张名片、一方战场、一份责任,亦是一种坚守、一种执着、一种情怀。

现在,接力棒传到了青年委员会秘书长张明的手中。经过数年积淀,律协摸索出了一条自主创办报刊的发展之路:杂志是名片、是枪,文字是火药,要用优质的内容充实杂志,为读者提供权威、专业、真实、准确、前沿的行业信息。

除了办好这一本杂志,遵义律协坚持“立言”——出版书籍。

2014 年 11 月,由遵义律协编撰的《遵义律师志》在中国文史出版社出版,全方位梳理了自 1936 年以来遵义律师的历史全貌。此外,由法律出版社出版了《律师办案思路》一书。

除了实体书刊方面的不懈努力,律协还不忘顺应时代潮流,积极参与网络时代线上互动。“加大宣传,树立律师良好社会形象,在办好协会杂志、网站的同时,还要特别重视和主流媒体打交道,要宣传律师制度,宣传优秀律师事务所及律师的优秀事迹。”令狐兴中会长提到,遵义市律协网站建立 8 年来,及时上传遵义律师在服务遵义经济社会发展中的作为、遵义律师行业动态等内容;同时,在自媒体时代,加大与自媒体的合作,重大活动除邀请主流媒体外,也邀请自媒体及时发出遵义律师声音。

一场比赛的六载　是平台更是舞台

如何提升律师的社会形象?这是广大律师从业者不断努力的命题。

令狐兴中会长向记者介绍,提升律师形象,要紧密围绕党委、政府中心工作的大局,塑造律师整体形象。通过与党委、政府工作的有机配合,让党委、政府看到律师的专业能力。

在“外塑形象”方面,遵义市律协一直都在不断前行的路上。律协不仅致力于法律职业共同体的建设,还通过各种精彩的比赛,让律师展现自我、树立积极的形象。

说到这里,不妨让我们一起走进遵义市第四届检察官与律师辩论赛的现场,近距离感受律师与检察官们“舌尖上的刀光剑影”。

2019 年 12 月 15 日下午,遵义广播电视台演艺大厅热闹非凡,空气中洋溢着一股火药味和紧张感。在这里,来自遵义市检察系统和各律师事务所的 24 名选手,展开了精彩、激烈的角逐。

现场的聚光灯聚焦在 24 名检察官与 24 名律师的身上,他们共分为四组,以三三对决的方式,围绕辩题展开真刀实枪的辩论。场上你来我往,唇枪舌剑,频频交锋,好不精彩,现场观众不时爆发出阵阵热烈的掌声。与此同时,遵义市电视台现场直播,向全市观众呈现出一场公诉人与律师间的辩论盛宴。

对此,令狐兴中会长对记者介绍,比赛是遵义市检察机关、司法行政机关、遵义市检察官协会和遵义律协的有力合作,不仅能辨法析理、以案释法,更是增强法治宣传教育和法治文化建设的吸引力、感染力和亲和力的重要载体。

而遵义律协,对比赛从来都认真对待。为保证公平、公正、公开进行,主办方还邀请了法学院知名教授、省检察院、省青年法学会、市中级人民法院、省普通话测试员等领导专家莅临现场,为选手们点评、打分。

由此可见,通过辩论比赛,在向社会宣传法治建设的同时,还推进了公诉人与律师之间的交流,更搭建了一个充分展示律师良好形象和精神风貌的大平台。

如今,每年举办一次的演讲比赛与两年举办一次的辩论赛,已经成为遵义市律协为律师们打造的舞台,他们在这里传递声音,在这里展现自我,在这里大放异彩。

既然有脑力比赛,当然也少不了体力比赛。遵义市律协还积极开展文体活动,展示遵义律师的精神风貌。

几个月前结束的第四届体育运动周活动也是异彩纷呈。第四届体育周在 2020 年 8 月底举行,早秋时节秋高气爽,律师运动员们个个跃跃欲试。体育周一共设置了篮球、羽毛球、乒乓球、跳绳、4 × 100 米接力赛、拔河等 6 个项目,包含专职律师、公职律师、公司律师以及实习律师,一共 265 名律师参与此次运动会。

遵义市律协组委会还专门聘请了专业教练团队担任裁判员,为每一位运动员购买了意外伤残保险,让运动员在 3 天的时间内奋力拼搏,尽情地用汗水争夺冠军,夺得荣誉。

“体育活动周活动能够培养律师团队意识和树立律师积极向上的拼搏精神。”令狐兴中会长说,大家参与的积极性很高,运动中也增强了凝聚力。

如果说比赛紧张刺激,那文体活动则是在轻松愉悦的环境中,展示了律师的精神面貌。

遵义市律协每年年底都会组织迎春茶话会及文艺表演,用文艺方式诠释法律,向社会一展遵义律师风采。

其中,2015 年,律协成立 20 周年文艺汇演让人印象深刻。全部的 305 名演职人员均由律师担任,认真排练近两个月,律师们载歌载舞,展现了律师行业除庭审、诉讼等专业业务之外的别样气质。

值得一提的是,在律师制度恢复重建 40 周年大型文艺汇演中推出的歌曲《等你在贵州》,词曲均由遵义律师创作;《不忘初心砥砺前行》《律师的故事》《律师风采》《和你在一起》等节目,均以律师、当事人为视角,展现遵义律师行业发展的情况,树立了遵义律师行业的良好形象。

说到律协,有人可能只会觉得是一个无关痛痒、无关大局的社会组织。但是,通过遵义市律协的现身说法,真正向全社会彰显了律协的重要地位和作用,不仅能够强化律师的职业素养,还能帮助促进律师的全面发展,是一个集专业度和人情味于一体的和谐美满大家庭。

一部法典的百万余次　是宣讲更是奉献

2020 年 5 月 28 日,中国首部《民法典》正式颁布!

为开展好《民法典》学习宣讲活动,遵义律协在全市范围内,迅速掀起干部群众共同学习、宣传、推进实施好《民法典》的普法热潮。2020 年 7 月 3 日,遵义市律协印发了《关于在全市范围内大力组织开展民法典学习宣讲活动的通知》,律协民法典宣讲团也正式宣告成立。

2020 年 8 月 6 日,令狐兴中会长应邀为市直机关工委干部职工宣讲《民法典》。讲座开展的同时,通过遵义市委、市政府权威平台——“遵义发布”,线上为广大网友直播。据统计,此次直播点击量达到 170. 5 万余人次。

2020 年 9 月 11 日,贵州舸林律师事务所律师官世燕通过在线直播,为广大网友讲授了《权利宣言书——民法典来了》。与新媒体的有效结合,让两次宣讲的受众人数达到了惊人的 258.8 万余人次,有效扩大了律师宣讲《民法典》的影响力。

同时,贵州省律协副秘书长、遵义市律协秘书长向东受邀到汇川区松林镇庙林村宣讲期间,通过宣讲视频,对田沟监狱服刑人员进行《民法典》宣讲,课件同时留存影像资料以供参考。

遵义市律协走进行业培训中,2020 年 12 月 14 日,遵义律协副秘书长张明受邀为遵义市 2020 年全域旅游培训会人员开展《民法典》宣讲活动;首次为县区一级全体公职人员公开授课,2020 年 12 月 18 日,令狐兴中会长为桐梓县四大班子及全体参会人员举办了《民法典》专题讲座……

通过一场场的宣讲活动,参与律师对于《民法典》的理解也一点点不断深入,宣讲效果大幅提升。据统计,2020 年 6 月至今,全市共有 65 家律师事务所、103 名律师参与到《民法典》的宣讲活动中,通过各个渠道为来自社会各界的听众开展了 329 场宣讲,平均每天开展宣讲 1.66 场,受众达 260 万余人次,取得了良好的社会效果。

令狐兴中会长提出,要通过积极开展活动,提升律协知名度和律师形象。他谈到,现阶段,人们对律协了解不多,往往把律协与其他行业协会混为一谈,把律师看作只会打官司的"工具人"。律协只有通过多组织活动,才能改变人们对律协的看法,才能让人们认识到律协是政治性很强的组织,才能让人们认识到律师是维护当事人的合法权益、维护法律的正确实施、维护社会公平正义的无畏卫士。

多年来,遵义市广大律师在律协的带领下,利用自身的法律专业知识,深入机关、社区、学校、乡村、企业等开展法治宣讲,推动法治氛围营造。2016 年,正值七五普法第一年,遵义市律协与市司法局等部门共同举办"百名律师进百校"活动,共动员 120 多名志愿律师,为 100 多所小学、初中、高中、中职及特殊学校进行法治宣传活动。

2017 年,遵义市律协与市司法局联合下发《关于开展遵义市中心城区律师进社区服务活动的通知》,38 家律所先后到 67 个社区

(村)开展法治宣传教育(以案释法)活动、举办法律讲座、接受群众法律咨询;2018 年 4 月,牧心律师事务所到红花岗区长江希望小学,开展了法治教育进校园活动;2018 年 8 月,子尹律师事务所先后为市工商联和绥阳县工商联进行《宪法》宣讲及企业刑事法律风险防范法律知识讲座……

不平凡的 2020 年即将离去之际,2020 年 12 月 31 日将近 17 点时,令狐兴中会长发了一条朋友圈,上面写着“2020 年最后一场‘民法典’献给遵义公交集团”。作为一名律师,他展现了正直可靠的法律人形象,在普法的路上不断砥砺前行;作为遵义律协的家长,他带头作表率,不断为律协的发展和社会法治建设的进程奉献自己的一份力量。

一路走来,直到今天,遵义市律协留下了许多闪光的足迹,其中有个人的奋发努力,也不乏集体的精诚团结。正是这样不断地努力与前行,才得以打响遵义律协的过硬招牌,造就今日的遵义市律协的灿烂辉煌。

(本文原载《民主与法制》2021 年第 3 期)

关爱与关照:在建设家园上“练”就精神

《遵义律协为何声名远播?》
系列报道之五

文/张纯　《民主与法制》记者

“我原来认为律协一定要有个大房子,现在我不这么看了。”贵州省律师协会副会长、遵义市律师协会会长令狐兴中这样告诉我们。质朴晓畅的字句里,包含着太多太多。

诗人说,“家是停泊的港湾,家是幸福的源泉,家是生活的动力,家是温暖的依靠,家是心灵的乐园”。由此可见家的重要性。但是,家并不仅仅等同于房子,家之所以能被称为家,则源于一份实实在在、真真切切的归属感。

遵义市律协不仅仅是一个组织、一个“单位”,更是律师们的一个“家”。遵义市律协一门心思建设美好家园,送温暖、建平台,把“家”办成了一个理想之处:既是一个遮风挡雨的地方,也是一个添砖加瓦的地方。

走进家园,走近这群家人,记者带你听听他们口中的家,感受这个“大家庭”的家庭氛围。

为青年律师搭建平台　义不容辞

遵义市律协一贯非常注重对青年律师的培养,

不仅花费大量心血为他们搭建平台,致力于提升他们的专业技能;更是在生活上爱护有加,尽力帮助他们解决生活中的实际困难。

在遵义市律协举办的座谈会上,记者有幸采访到几位青年律师。其中一位是遵义律协青年律师委员会主任张明,同时他也是省律协青工委副主任。

2016年,张明扔下公务员的铁饭碗,辞职转行干起了律师。从机关——有单位编制走出来的工作人员,华丽转身,毅然踏上从律之路。他从实习律师做起,一开始也曾感到彷徨。

那时候,张明作为一名新手律师,从未有过公检法从业经历,没有一点司法内的资源。曾几何时,辞职之后怎么来展现自己?怎么才能在律师行业崭露头角?这成为摆在张明面前一直不断思考的难题。

“我明白,任何一个行业的发展,肯定会有起主导、引领作用的一个平台。我们未来的发展,肯定要依托于协会打造的平台。”加入律协后,张明十分珍惜这个平台。为了锻炼自己,他积极参与了众多活动,其中包括律协举办的一年一度的演讲比赛。

都说机会总是留给有准备的人,张明凭借着对机会的把握和自身的努力与积累,在演讲比赛和辩论赛中均出手不凡、拔得头筹。也正是因为他在比赛中的大放异彩,令狐兴中会长发现了这颗光芒闪耀的“金子”。

比赛结束后的第二天,令狐兴中把张明请到了办公室。“这小子很不错,我说协会要给你加加担子了!”令狐兴中会长对记者介绍说,律协针对青年律师,有几个固定坚持的“节目”,比如说演讲比赛,目前已经举办了6届。每年五四青年节前后,律协的青年演讲比赛,都是雷打不动的保留节目。

这个比赛不仅为年轻人提供了展现自我的平台,也是令狐兴中会长选拔和培养人才的重要方式之一。“通过协会组织的各种活动、比赛,从中发现一些优秀的人才,将他们纳入后备人才库。”令狐兴中会长指出,对于在活动中表现突出的人才,很有必要放到副秘书长这样非常锻炼人的岗位,做进一步考察和培养。

“上一届的副秘书长全部是从演讲比赛和辩论赛中脱颖而出的,他们现在都在律协担任主任的角色。”张明对记者谈到,在这样的平台之上，青年律师崭露头角的同时，经常参与协会的一些工作，同时得到锻炼与成长。

实际上，“孤独感”对于刚迈入职场的青年律师来说乃人之常情。而对于张明来说，律协就是心灵停靠与安放的港湾。张明说，律师之家能够最大限度地消除律师内心的孤独感。遵义市律协举办的众多活动，都得到了青年律师的积极响应。在活动当中，大家能够互相了解，多多交流，慢慢地，这种孤独感就一扫而光，被律协家的温暖取而代之了。

此外，在令狐兴中会长的支持下，律协还打造了“律 + ”律法交流平台。据悉，这个平台是由张明、赵伟、周涛、胡双林等律师发起成立，“律 + ”之“ + ”，表明平台是开放的平台，欢迎所有律师积极参与；“律 + ”之“ + ”，又表明平台交流范围无限，所有成员都有机会锻炼和提升自己。

“2019 年我去观察了两期，2019 年年会上我作了名为《青年律师向何处去》的演讲，大概用了 40 分钟。”令狐兴中会长介绍，2020 年，他又去“律 + ”作了演讲——《三读民法典》。所谓三读，即读懂、读通、读透。2020 年的“律 + ”举办了一次户外活动，在一个湖边，令狐会长又登台授课了。

有了会长的大力支持，青年律师的发展更是如虎添翼、如鱼得水。

律协这个家，不仅为青年律师提供了发展的平台，更是众多律师躲风避雨的一座港湾。

这个家给贵州港丰律师事务所的黄慧君最大的感触，是无微不至的照顾。她对记者提到，2019 年，遵义市律协出台了关于扶持青年律师发展的实施细则，简称“青九条”。

“细则里边除了在大方向上关心青年律师的成长以外，还设立了最低工资保障，切实解决青年律师生存难的问题。”黄慧君说，此前，在工资方面不是特别规范，有一些青年律师没有签合同或者可能会存在实习律师不愿意缴纳社保的问题。

“2018 年换届以来，青年律师工作委员会作为年轻的班子，做了大量卓有成效的工作。特别是‘青九条’的出台，找准了痛点，为广大青年律师解决了实际困难。”令狐兴中会长介绍。

此外，“青九条”强制性规定，必须与青年律师签订规范合同，必须要为其缴纳社保。对于执业 1 到 3 年的青年律师，要保证每月收入不低于当地最低工资标准。青年律师如果为指导老师协助办理了一些案件，应该在案件费用方面予以一定的考虑。“这就解决了刚迈出学校大门，初步走上社会生存方面的一大问题。”黄慧君说，这是青年律师在实习期间最关心、最迫切的问题，也是律协为青年律师做的一件非常暖心的大实事。

记者在采访中得知，为了减轻青年律师的负担，遵义律协对于 35 岁以下的律师减免会费。从业的第二年、第三年，只收 50% 。

这里还闹出一个问题来，令狐兴中会长哭笑不得，“民政部门说会费的档次太多了，超过了规定，不能超出三个档。我们就向他们解释，为什么这样做，因为青年律师发展不容易，需要扶持帮助”。

与张明一样，贵州佳信律师事务所青年律师李鸿，也是从体制内走出来的。她之前在检察院工作了 8 年。作为一名刚刚执业一年的新律师，她对记者谈道，“以前在检察院的时候，接触更多的，是有律师被处罚。那时候律协给我的感觉，是要处罚的时候就来了。通过这两年的律师工作，我发现律协给我们更多的是家的感觉”。

这个家从政治上、思想上、业务上，无微不至地关心青年律师。体现在业务上，律协有各种培训项目可供选择，而“律 + ”平台更是经常为青年律师带来各种干货，提供充足的养分。在政治思想上，为了让青年律师更有社会责任感，律协采取了多元化的措施，不时搭建平台。比如，2020 年组织全市青年律师普法志愿者，参与了校园义务普法，创办了乡村治理体系法律服务办，把每个律师派驻到各个乡镇的村里做法律援助工作。抗击疫情期间，律协还成立了线上法律服务团，包括刑事、民事、行政各个方面，通过线上奉献自己的力量。

在遵义市律协的护佑下，青年律师们都在不断蓄力，茁壮成长。张明说，正是有了这座强有力的港湾，无论哪位律师都能发光发热。

更难得的是，遵义的律师培训工作，能够与一些发达地区比肩。

2019 年，张明前往北京参加了第十八期全国律协青训营。起初，由于入行时间短，又来自西部地区，张明不由得有些“自卑”。去北京之前，他一直告诫自己，“带耳朵带眼睛不带嘴巴”，多听多看少说，献丑不如藏拙。

到北京后，在第一天的晚间分享时，所坐教室里的一条横幅，让他久久不能平静——“北京·遵义律师事务所管理培训班”。

就在张明抵达北京律师学院之前，来自遵义的54名律所主任、合伙人刚从这里离开。他又恍惚间回到了遵义律师行业年度培训上——陈瑞华、常鹏翱、王进喜、张新宝、邓子滨、吕红兵……一位位在法律人心中耳熟能详的“大家”，都曾坐在不远处的教桌前，为他们开眼界、长见识、找定位。有了这层底气，张明第一次举手发了言，真正走到了来自全国各地优秀的108名青年律师当中。

之前，张明对自己“十八线”小律师的定位，禁锢了他的才能。而正是那一条横幅，给了他力量，给了他自信。在最后的辩论赛上，张明获得优秀辩手的称号，“十八线”小律师也在全国优秀青年律师的大舞台上，发出了自己的光芒。

像张明这样的青年律师还有很多，正是遵义律协这个大家庭的支持与呵护，给了他们勇往直前的勇气，让他们得以在更高的天空中，放飞自信、展翅翱翔。

为女律师排忧解难　在所不辞

据了解，全国的女律师人数已经达到15万，贵州省女律师近2000人，遵义市女律师将近230人。遵义市律协女律师专业委员会副主任向莲介绍说：“我们也是一支庞大的队伍，为遵义的法治建设和社会稳定作出了应有的贡献。”

向莲主任加入女专委以来，致力于对孕期、生育期、哺育期的女律师进行帮扶。这三期对女性来讲不算短，作为律师来说其主要收入来源于业务。业务一旦停滞，一旦怀孕、生育，加上照料初生儿，实际上对她们的生活造成了很大的压力，而且对职业发展有很大的影响。

对此，律协提出在孕期和哺育期，会费免交，这也是对女律师的关爱。针对一些遇到特殊困难的女律师，律协还有相应的帮扶机制。

前几年，曾在贵州乾锋律师事务所执业的刘怀秀在办案途中不幸发生车祸，导致大脑丧失记忆，鉴定为伤残三级。车祸后，刘怀秀丧失了劳动能力和生活能力,一直由农村年迈的父母照顾,依靠低保维持基本生活,十分困难。

如今,刘怀秀的母亲已于2019年过世,父亲也已77岁,家庭经济十分拮据。遵义市律协女工委在了解具体情况后,在三八妇女节的时候组织了一次捐助活动,省律协领导也积极支持,大家纷纷慷慨解囊,献上一份份爱心。除了召集委员们爱心捐款,同时以遵义市律协的名义,将刘怀秀的实际困难如实向省律协汇报,为刘怀秀争取到专项慰问补助款3000元。

随后,遵义市律协女工委主任程吉芬代表省市律协到刘怀秀家看望她,对其各项需求进行了解,从而给予进一步精准帮扶。程吉芬表示,省、市律协和女律师专委会是女律师们的坚强后盾和温暖娘家,无论遇到什么困难,都将积极施以援手、送上关爱。

此次三八妇女节慰问活动,既向患病女律师传递了温暖,也充分体现了遵义市律协对广大女律师的一份真情,更进一步增强了律师与组织之间的向心力与凝聚力。

当然,除了女律师,对其他人也并非厚此薄彼,1000多名律师都会在生日前收到来自律协的生日贺卡。很多律师特意将这份心意晒到朋友圈,和更多人分享这份特别的温暖。

接下来,律协女专委又把对职业女性的关爱,投射给更多的群体。在令狐兴中会长和张洪平副会长的共同协调之下,女专委积极和遵义市妇联联络和沟通,倡导律协律师关注社会上的职业女性和家庭妇女,当其遭遇家庭暴力或者工作中的歧视、骚扰等情况时,积极施以援手,给予关爱与帮扶。

“就像刘桂明总编辑说的:‘作为律师,我们应该知道是为谁服务的,也要知道我们怎样服务。’我觉得不应该把我们这样的一种职业或者对他人的帮扶固定在律师行业或者是固定在法律行业。这样才能承担更多的社会责任,有利于帮扶提升女性在职业、在家庭中的幸福感。”向莲说。

律协的种种举措,彰显了工作过程中的灵活多变,对待不同的群体采取不同的方式。对于肩负生活压力的女律师,给予特殊的帮扶和关注,将温暖与关爱落实到细微之处。

为年长律师奉献爱心　体贴入微

“老吾老以及人之老”，尊老，是中华民族的优良传统。老年律师，则是遵义律协最牵挂的群体之一。

2020 年 10 月 26 日，遵义市律协召开了重阳节遵义老律师茶话会，这是遵义律协第 7 次举办这样的活动。

会上，律协副会长池泽江向老律师通报了全市的律所和律师发展现状，详细讲解了 2019 年度律协工作情况。听取情况汇报后，参会老律师积极发言，对律师行业未来的发展，提出了许多宝贵的意见和建议。

茶话会结束后，令狐兴中会长与各位参会老年律师在餐叙中，进一步沟通、交流。“我从 2014 年就跟他们承诺了，我说我当会长一天，每年重阳节都要开茶话会，请他们喝茅台酒。”令狐兴中会长说。平日里，律协对老律师们也是十分惦记，律协办的杂志每一期出刊后，都会及时寄给他们。为了感谢老律师们，在律协成立 20 周年以及律师制度恢复 40 周年之际，协会还向老律师颁发了执业 30 周年特别贡献奖。

老年律师也是令狐兴中会长“最好的朋友”，他熟知遵义律协的每一位年长的律师。

熊定扬律师被称为遵义律师界的“熊”瓦罗蒂，也是令狐兴中会长的一位忘年交。“我 1989 年开始执业，是最早的律师之一。这么算下来，也算是令狐会长最久的一位老兵啦！”熊定扬不无风趣地说。

这位熊律师可不简单，他是遵义律师界乃至贵州律师界的“名人”。记者有幸在现场听过他雄厚的男中音以及千回百转的演唱后，暗自思忖：这是一位被律师业务耽误的歌唱家啊！

也正因为熊律师的艺术造诣，他成功破圈，进军贵州律师“演艺圈”。除了在每年遵义律协的新年晚会一展歌喉、大显身手，他还参与了 2019 年贵州省律师制度恢复重建 40 周年文艺汇演，担任导演一职。

令狐兴中是贵州省律协副会长，又分管宣传，担任晚会的总统筹。“安排节目的时候，总得到遵义市律协的关心，经常打电话问有什么需要,要车派车,要人给人,支持力度相当大。”熊定扬印象十分深刻,筹备这次汇演工作的难度系数非常高。

原贵州省律协秘书长、文体指导委员会主任陈会琪回忆,“2019年4月,我和文体委副主任熊定扬、彭起、王飞赴黔南和黔东南调研,在短短一个多月内,足迹遍布贵州省的九个市州,还走了三个来回,不回家已成为家常便饭”。

对此,熊定扬感受颇深,“令狐会长对我们关爱有加,尤其惦记我这个上了年纪的‘老年人’”。在九市州采集节目时,每到一个地方,令狐兴中会长不仅安排好参与人员的衣食住行,还专门安排两个年轻人照顾年长的律师,一再叮嘱老同志千万不能摔跤。细致入微的关心,让所有人都十分感谢。

“感谢”似乎成了老律师们对遵义市律协的关键词。

66岁的杨依毅律师对记者说,律协对老同志的关心非常细致。杨依毅律师喜欢体育运动,前几年打篮球还能够跑全场,于是上次体育周活动就被邀请去当裁判。令狐兴中会长知道后,专门打电话给杨律师,提醒他可以适当参加一些活动,对抗性太强的运动还是要慎重。“我们经常通电话,他时不时问问我身体怎么样、有什么困难。”杨依毅说。

对此,熊定扬欣慰地说:排忧解难,律协肯定是走在最前面的。

另外,律协还成立了14个兴趣小组,除了律师本身的培训业务之外,还针对个人的兴趣、爱好,成立了演讲、诗歌、钓鱼、篮球足球等兴趣小组。

遵义市律协的重点工作之一就是打造律师之家。家的感觉,多种多样,无所不包——生活上要关心,健康上要关爱,职业上要关照……

“遵义市律协为什么在全国有一点点名声?因为工作做得比较踏实。除了前面律师讲的之外,我认为主要还是工作细致,工作扎实,不求虚荣。因为律协经常组织人员到基层了解情况,特别是了解律所的组成情况、律师的生存状况,分析解决他们存在的实际问题。律协很是踏踏实实做了一些工作。”杨依毅说。

对于执业当中碰到的问题,在公检法等法律职业共同体当中出现的问题,律协毫无疑问该出手时就出手,一马当先。律协拥有一个几百人的大群,群里边只要有问题提出来,律协就会在第一时间站出来解决。诸如解决公安方面会见难的问题、与检察院方面交流的问题、在法院律师能否得到尊重的问题,等等。

对此,熊定扬也感同身受。他所在的律师事务所成立40年了,原来叫遵义市法律顾问处。2007年司法局改制,带来了很多问题。合伙人意见不一,12个人只剩下4人。每次律师事务所出现了问题,第一时间就会请律协来出面帮助解决。

这个时候,遵义市律协会带队甚至组织专班来协助解决问题,真正做到了排忧解难。当有合伙人要离开的时候,针对比较难缠的清算等问题,律协都会进行十分精细的帮助。律师帮别人打官司,自己为自己打官司的时候,律协都拼尽全力,站在不同的位置和角度来协调大家的关系,将事情解决好,让律所健康稳定地生存、发展和壮大。

纵观这些年来,一批批青年律师满腔热情,大步踏入这片领域,施展抱负、挥发才华。随着时间的流逝,当青春不再、双鬓染霜,律协依旧不褪港湾本色,关爱如初。

行文至此,遵义律协这个大家庭的风采,从这三类主要的人群略见一二。而作为一家之长,令狐兴中会长在接受采访时,总在强调一定不要主要报道他,而要宣传律协的工作、突出大家的贡献。然而,记者总觉得这篇文章少了这个家长,就有所缺失,不够圆满、完美。

他是怎么样的会长?通过他所做的工作,大家都有目共睹、感念在心。而他到底是个怎么样的家长、怎样的船长?通过将近一周的相处、沟通和观察,记者也得出了自己的答案——

他曾经是个文艺青年,热爱读书,喜欢写作,"南山子"这个现在使用的微信名,就是20世纪80年代发表诗歌、散文等文学作品的笔名。

他还是个"不称职"的律所主任,一心扑在律协工作上,偶尔回一趟律所,可能会被新来的前台小姐姐拦住,问何故到访、造访何人,弄得人哭笑不得。

他是个有点"一根筋"的领导者,"什么事要做就做好,要么就不做"。因为长时间的操劳,他的身体大不如前,在2019年律师制度恢复重建40周年文艺汇演上台献辞时,积劳成疾的他险些倒在舞台上。

他是个有追求的人,学生时代老师对他说,“人不能做物质的奴隶,要有精神的追求”。他铭记在心,践行至今。

他还是个“不讲颜面”的律师,不畏权势,坚决维护当事人合法权益,做什么都不走后门是他的原则,哪怕是得罪人也在所不惜。

他是个事无巨细的家长,粗犷的外表下有一颗细致的心。从参政议政、扶贫济困到电话问候、贺卡心意,条条缕缕,细致入微。

他有太多的标签——情怀满满的他、兢兢业业的他、一身正气的他、事必躬亲的他、备受拥戴的他……

18年的火热情怀,源于对律师事业的真诚热爱。有付出必有回报,18年的付出,既锻炼了他,也使律协不断成长。组织从来不会忘记为行业发展作出奉献的人！令狐兴中会长于2011年获评全国优秀律师,2016年当选中华全国律师协会理事,2017年更获得全国司法行政系统劳动模范的殊荣。

律协是一个家,却又不仅是个家,还让律师们成了家。正如刘桂明总编辑在小分队采访结束时总结道:遵义律协之所以声名远播,是因为遵义律协让律师有了“家”,让律师当了“家”,帮律师成了“家”,让律师成名成家。

最后,让刘总编辑的一首蛮有趣的藏头打油诗来概括吧:“遵”老爱幼如娘家,义不容辞你我他。律己正人树形象,协力同心乐开花。

(本文原载《民主与法制》2021年第3期)